数字经济

国家战略行动路线图

周之文　周克足 / 著

中国经济出版社
CHINA ECONOMIC PUBLISHING HOUSE
北 京

图书在版编目（CIP）数据

数字经济：国家战略行动路线图 / 周之文，周克足著．—北京：中国经济出版社，2023.1

ISBN 978-7-5136-7156-9

Ⅰ．①数… Ⅱ．①周… ②周… Ⅲ．①信息经济－经济发展－研究－中国 Ⅳ．① F492.3

中国版本图书馆 CIP 数据核字（2022）第 207177 号

责任编辑　张梦初
责任印制　马小宾
封面设计　卓义云天

出版发行　中国经济出版社
印 刷 者　北京艾普海德印刷有限公司
经 销 者　各地新华书店
开　　本　710mm × 1000mm　1/16
印　　张　16
字　　数　220 千字
版　　次　2023 年 1 月第 1 版
印　　次　2023 年 1 月第 1 次
定　　价　65.00 元
广告经营许可证　京西工商广字第 8179 号

中国经济出版社 **网址** www.economyph.com **社址** 北京市东城区安定门外大街 58 号 **邮编** 100011

本版图书如存在印装质量问题，请与本社销售中心联系调换（联系电话：010-57512564）

前言

数字经济是继农业经济、工业经济之后的主要经济形态，是以数据资源为关键要素，以现代信息网络为主要载体，以信息通信技术融合应用、全要素数字化转型为重要推动力，促进公平与效率更加统一的新经济形态。数字经济发展速度之快、辐射范围之广、影响程度之深前所未有，正推动生产方式、生活方式和治理方式深刻变革，成为重组全球要素资源、重塑全球经济结构、改变全球竞争格局的关键力量。

2022年1月，国务院印发《“十四五”数字经济发展规划》，强调立足新发展阶段，贯彻新发展理念，构建新发展格局，推动高质量发展，统筹发展和安全、统筹国内和国际，以数据为关键要素，以数字技术与实体经济深度融合为主线，加强数字基础设施建设，完善数字经济治理体系，协同推进数字产业化和产业数字化，赋能传统产业转型升级，培育新产业新业态新模式，不断做强做优做大我国数字经济，为构建数字中国提供有力支撑。

作为一项重要的国家战略，数字经济正在进入成熟期。那么，为什么要发展数字经济？

一方面，近年来，世界局势复杂多变，全球化遭遇逆流，新冠肺炎疫情尚未结束，经济复苏面临着较大困难；另一方面，以数字技术及相关应用为代表的新一轮科技革命和产业革命不断推进，以此为基础的数字经济正在打破全球原有的经济结构，对各项要素资源进行重新分配，重塑全球竞争格局，带领全球经济进入一个全新的发展阶段。

对于我国来说，在经济从高速增长向高质量发展转变阶段，数字经济可以从根本上改变我国经济原有的增长方式，推动生产方式及商业模式变革，既有利于“双循环”新发展格局的形成，又可以拓展经济发展新空间，培育经济增长新动能，为应对复杂的国际市场环境、保证我国经济体系稳定运行提供强有力的支撑。

中国网络空间研究院在2021年9月26日发布的《世界互联网发展报告2021》中称：“数字经济成为世界各国应对新冠肺炎疫情冲击、加快经济社会转型的重要选择。”自新冠肺炎疫情发生以来，为了抗击新冠肺炎疫情，恢复生产生活，世界各国开始大力推进以5G、人工智能、物联网、工业互联网、卫星互联网为代表的新型信息基础设施建设，培育经济增长新动能。

这一点在我国表现得尤其明显。根据中国信息通信研究院发布的《全球数字经济白皮书（2022年）》，2021年，全球47个主要国家数字经济的增加值达到38.1万亿美元，其中，中国数字经济的规模达到7.1万亿美元，占比18.5%，仅次于美国，位居世界第二。

除了稳定经济增长之外，快速发展的数字经济还创造了很多新的就业岗位，吸纳了很多待就业群体，解决了就业难题，对促进就业与稳定民生产生了重要作用。总而言之，大力发展数字经济已经成为“十四五”时期乃至今后更长一段时间的重要战略。

经过几年的发展，我国数字经济呈现出鲜明的区域聚集特征，形成了京津冀、长三角、珠三角、川渝经济圈几个核心区域，福建、贵州等地也形成了比较有特色的数字经济发展模式。例如，福建大力推进“数字福建”战略，形成了独具特色的发展模式，在2019年被评为6个国家数字经济创新发展试验区之一；贵州大力推行大数据战略，全面发展数字经济，形成了大数据与实体经济深度融合的“贵州模式”，数字经济的增长速度连续5年高居全国第一。

此外，我国数字经济还初步形成了数字产业化、产业数字化、数字化治理和数据价值化的框架，具体表现为：数字产业化稳步增长，数字产业结构持续软化，软件产业和互联网行业占比持续小幅提升，电信业、电子信息制造业占比小幅回落；产业数字化加速增长，成为国民经济发展的重要支撑力量；在数字化治理方面，数字政府建设快速推进，政府治理效率不断提升，治理方式逐渐从被动转向主动，治理过程更加精细、灵活；在数据价值化方面，数据价值不断被挖掘、释放，推动技术、资本、劳动力、土地等传统生产要素发生深刻变革，驱动传统产业向数字化、智能化的方向转型发展。

虽然我国数字经济发展取得了不错的成绩，但也面临着很多困难，需要政府做好顶层规划，优化营商环境，培育数字经济发展新动能。本书立足于当前全球数字经济发展新动向、新趋势，详细梳理了我国数字经济的演进脉络、体系架构与制度建设，分别从“数字基建”“数字产业”“数字社会”“数字政府”“数字资产”五大维度，深度剖析5G、AI、大数据、物联网、云计算、区块链、数字孪生等新一代信息技术，全面阐述数字技术在经济社会各领域的应用场景与实现路径，内容涵盖智能制造、智慧金融、智慧零售、智慧城市、智慧社区、智慧校园、智慧政务等各领域的数字化、智能化转型实践，并前瞻性地从数字经济政策制度、治理体系与监管框架的角度，对我国数字经济“行稳致远”提出极具建设性的对策建议，试图为读者描绘一幅面向未来的“数字中国”新图景。

本书脉络清晰、结构严谨、内容丰富、语言通俗易懂，既从宏观层面对数字经济的底层技术、发展路径做了全面阐述，又从微观层面对数字经济的发展进行了深入剖析，为政府和企业了解数字经济、制定与数字经济有关的政策与战略提供了有益指导，适合企业管理者、政府人员以及高校师生阅读。

目　录

第一部分　数字基建篇

第二部分 数字产业篇

目 录

第三部分 数字社会篇

第四部分 数字政府篇

第一部分

数字基建篇

第一章
数字经济：构筑中国经济增长新引擎

01　数智革命：数字产业化与产业数字化

近年来，新一代信息技术快速发展，并作为推动经济增长的新动能广泛应用于社会经济生活的各个领域，推动人类社会进入数字经济时代。放眼全球，越来越多的国家抓住机遇，利用数字技术打造全新的竞争力，积极开展数字化转型。

随着数字技术在各行业、各领域深入应用，数字资源日益成为社会经济发展的一项重要资源，而且能够实现跨界流动，加快了数字创新推动经济体系重构的进程，促使经济社会运行与治理模式发生了翻天覆地的变化。数字化指的是利用数字技术促进经济快速增长。作为驱动数字经济增长的重要引擎，数字技术的发展对提升产业经济结构的未来竞争力起着决定性作用。

数字技术与传统产业融合，通常会给传统产业带来“互补整合”与“优化整合”两种结果。前者是指数字产业化，即将数字技术应用于非生产性增值活动，催生一批新型产业，如信息通信业、软件服务业等；后者是指产业数字化，即将数字技术应用于生产性增值活动，提升设备的技术程度，并由先进设备代替人工完成大规模重复性工作，实现降本增效，推动产业模式变革。从本质上讲，数字产业化是数字技术的产业化演进，产业数字化是传统产业的数字化转型，两者都是数字技术创造价值的手段和表现形式。

数实融合：数字产业化与产业数字化

随着全球经济数字化进程持续深化，我国出台了一系列政策支持和引导国内数字经济发展，推动数字经济与实体经济融合，并将数实融合列为一项重要的中长期发展战略。在此背景下，社会各界应当积极响应国家政策，开辟新的价值创造点，创新经济增长动能，推动经济高质量发展。数字产业化与产业数字化是数字经济的两个重要部分，也是数字经济发展过程中必须经历的两个阶段。

（1）数字产业化是数字经济的基础部分。

数字产业化是伴随数字技术诞生而出现的一系列新型产品和服务，是数字技术落地创造价值的过程，构成了数字经济的基础。数字技术在生产制造全流程持续渗透，助力技术人员不断研发新产品，拓展新型产业形态，将数字技术带来的红利转化为新型的商业价值和社会价值，同时不断强化信息基础设施建设，为数字经济发展奠定坚实的基础。

（2）产业数字化是数字经济的延伸部分。

产业数字化是建立在原有产业基础上的活动，利用数字技术对传统产业的业务全链条进行创新和升级，推动传统产业的数字化变革。数字技术赋能传统产业链，发挥数字技术的优势，革新传统生产流程与生产模式，驱动传统产业结构优化升级，提高各个流程与环节的效率，降低生产成本，提升传统产业价值的创造力与竞争力。

数字产业化：网络强国战略的重要基石

数字产业化是网络强国战略的重要基石，也是国家数字实力的象征。现阶段，我国积极利用数字技术建设信息基础设施，不断增强技术创新能力，为数字中国建设夯实基础。一方面，在新时代，软件服务业、电子信息制造业、互联网行业等数字产业不断涌现，带动经济社会朝着数字化、智能化的方向发展，促使经济发展水平与社会运行效率显著提升。另一方面，经济社会的高速发展又为数字技术创造了更多应用场景，带动数字技术不断创新和进步，持续完善数字产业生态体系，形成经济社会与数字技术融合互惠、共同进步的良性循环。

（1）信息通信业实现新跨越。我国拥有全球规模最大的光纤与移动通信网络，固定宽带的速率也实现了突破式提升，达到千兆的速率，相关产业发展水平与应用水平在全球名列前茅。在此基础上，我国全面完成光网城市建设，为数字经济发展奠定了坚实的基础。

（2）数字经济产业链正在加快形成。随着新一代信息技术的持续进步与广泛应用，各行业、各领域的数字化、网络化、智能化水平不断提升，原有的基础设施正在经历持续的数字化改造，信息基础设施应用体系逐渐形成，数字经济产业链也在此基础上加速成形，并持续驱动数字技术的产业化发展。

（3）基础性、通用性技术研发取得重大进展。数字技术的持续进步给信息通信行业带来了前所未有的契机，特别是在基础操作系统、量子计算、高性能计算机、高端芯片、工业物联网等领域。这些领域对信息技术的依赖性比较强，而数字技术的进步无疑成为推动其快速发展的强劲动能，并催生一系列基础性、通用性技术，为经济社会的数字化变革提供技术支持。

产业数字化：赋能实体经济智能化转型

在数字经济时代，产业数字化比数字产业化更为重要，影响也更为深远，这是因为以传统产业为主的实体经济历史悠久，在社会经济中占比较大。得益于数字技术的持续赋能，产业数字化呈现出迅猛发展态势，并逐渐成为国内数字经济增长的核心驱动力。近年来，数字技术的进步为产业数字化发展提供了良好的条件，主要表现在以下几个方面：

（1）随着信息技术革命不断深化，很多传统信息技术（如机器人技术、传感器技术等）变得更加精准和智能，能够大幅提升产业发展水平和效率，并且使用成本也更加低廉，为技术的大规模应用奠定了坚实的基础。

（2）随着消费互联网不断发展，人工智能、物联网、大数据、云计算等技术快速进步并趋于成熟，使得产业发展的高精准性要求得到很好的满足，能够有效促进数字技术与实体经济融合。

（3）得益于大数据、物联网、移动互联网等技术的快速发展，产业数据与消费数据之间的壁垒逐渐消失，各领域数据呈现出融合趋势，并不断整合成协同共享的数据资源，为产业数字化奠定良好的数据基础。近年来，我国传统产业陆续开展数字化转型，积极应用数字技术推动商业模式变革，进而推动数字经济实现稳定高速发展。

党的十九届五中全会提出要“加快构建以国内大循环为主体、国内国际双循环相互促进的新发展格局”，之后，我国各行业各领域做出了积极响应，主动加强5G、大数据、云计算、人工智能等新一代信息技术的应用，从供需两侧同时着手不断推动产业升级，带动信息消费，催生了一大批适应数字化时代发展的新场景、新业态、新模式，加速数字中国建设进程。

随着数字技术不断发展和广泛应用，移动支付与电子商务广泛普及，远程办公、移动购物、线上学习等新场景不断涌现，满足了人们工作生活的多样化、个性化需求。此外，物联网、工业互联网等技术在制造业领域的应用也拓展出数字工厂、智慧矿山、智能巡检等众多新场景和新模式，为数字经济快速、健康发展奠定了良好的基础。

02　智能互联：数字经济的核心基石

随着新一代信息技术的快速发展与广泛应用，数字经济已经成为全球经济发展的必然趋势。数字经济作为一种新型经济形态，与传统经济在基础设施、生产要素、生产与服务方式等方面具有较大差异，数字经济对数字技术的应用不仅可以推动经济发展模式优化与升级，而且可以促进技术创新。下面笔者以技术特征为切入点，来探索技术创新和应用如何改变生产生活方式和经济发展方式。

智能化、互联化：数字新基建的核心基石

新型基础设施是数字经济发展的重要基础和底层架构，主要包括大数据中心、人工智能、5G基站、工业互联网等技术，能够实现设备、工厂、产品、客户、生产线、供应商之间的动态、全方位连接，实现信

息大连接与大融合，为数字经济发展奠定坚实的基础。

新型基础设施具备两个明显的特征，即智能和互联，前者主要体现在产品或服务智能、装备智能、过程智能三个方面，后者主要体现在全部社会要素之间的互联互通，并借此形成一种自适应、生态化、万物互联的网络体系。

在智能互联的生态网络中，生产要素能够实现高速流动，提升生产效率，扩大市场规模，在数字技术的加持下拓展出更多应用场景，并通过数据与技术的结合催生出共享经济、平台经济、零工经济、算法经济、数字服务等多种新型的经济形态，进而推动数字经济发展。在实际应用中，电子商务平台是最广泛的应用场景，也是消费互联网的核心，能够实现农业、工业、服务业的在线交易，极大地提高交易效率，降低交易成本。此外，电子商务平台还具备安全认证、物流配送、支付结算等功能，而开放共享、智能互联的网络平台也是电子商务平台发挥作用必不可少的载体。

随着智能互联生态网络不断成熟，以电子商务为核心的消费互联网和以无界制造为核心的产业互联网共同构成了数字经济时代的产业体系。消费互联网聚焦连接消费者，产业互联网注重连接企业，两者都能够很好地促进连接，协同推动数字经济发展。

数据智能：数字经济的关键生产要素

在经济发展过程中，经济形态不同，其对应的关键生产要素也有所差异。对于数字经济而言，数据是其发展的关键生产要素。在数字时代，数据规模呈现出爆发式增长，并在新一代信息技术的作用下发挥其深层价值，以推动数字经济各环节实现数字化升级。

（1）发展数字经济需要借助新一代信息技术和智能化设备对海量有价值的数据进行实时感知、全面收集、精准传输、高效处理、智能分析和动态应用，并通过对数据的精准判断、预测和匹配，充分发挥数据价值，为企业与经济发展带来强劲的驱动力，促进传统产业结构升级与优化。

（2）数据作为经济发展的核心生产要素，要与资本（人力资本、物质资本、公共资本等）、土地、技术等传统生产要素相结合，同时借助数字技术对各项生产要素进行优化配置，提升所有生产要素的边际生产率，有效推动经济增长。例如，现阶段，共享经济模式得到快速发展，从本质上看，共享经济就是通过发挥数据的深层价值，创建新型信任与合作模式，达到供需智能化匹配的效果，从而实现资源的高效配置，带动经济高效增长。

（3）在“数据大爆炸”的数字时代，得益于海量数据的产生与新一代信息技术的应用，数字经济能够实现经济发展要素、流程、场景、渠道、网络的全方位无缝连接，并在此基础上拓展出人工与机器高效协同的应用场景，使产业发展效率得到显著提升。例如，现阶段，各大商场开始应用智能机器人与消费者进行实时交互，并在此过程中掌握消费者的消费偏好、消费需求以及可支配收入水平等，从而绘制出精准的消费者画像，为消费者提供个性化精准服务。

03　融合创新：打造数字经济新范式

随着数字技术在各行业各领域深入应用，智能传感器、智能控制器、移动通信设施、嵌入式终端系统等智能化设施和设备不断涌现，并借助物理信息系统打造了一个万物互联的智能网络，以支持经济的横向、纵向、端到端的高度集成，进而打造数字经济新范式。数字经济新范式通过对经济社会运行机制进行全方位、系统性重构，以推动产业实现跨界协同，最终实现数字经济与实体经济的融合发展。例如，将数字技术与各类制造平台相融合，并基于开放共享、智能互联的网络体系，对智能制造、数字制造、网络制造、云制造进行系统化集成，打造跨界融合、智能互联的无界制造系统，以支持相关产业融合发展。

融合是新生产或新服务方式产生的前提

在新一代信息技术快速发展的时代，各类新型智能技术依托万物互联的网络体系不断集成融合，为技术以及生产或服务方式的创新和升级提供了必要条件。

在技术创新方面，企业可以通过技术集成带来的乘数效应，研发出更为先进和高超的技术，将这些技术作为核心引擎驱动数字经济创新发展。例如，数字孪生技术是数据、物理实体以及新一代信息技术集成的结果，能够基于现实世界的物理实体，借助5G、大数据、人工智能、物联网、仿真、AR、VR等一系列数字技术，在数字世界中创建孪生模型，并结合数据和技术实现物理实体与数字模型的动态交互和实时映射。

在生产或服务方式创新方面，各项技术的集成应用能够重塑生产制造流程，拓宽或改变消费者获取信息的渠道，变革消费方式。在生产创新场景中，航空制造、钢铁制造、机械制造、服装等行业的企业依托工业互联网平台，集成并整合产品从设计到服务全流程的数据，结合人工智能、物联网、边缘计算等技术对这些数据进行分析和处理，推动生产模式创新，实现高效生产。在服务创新场景中，淘宝、京东、微信、支付宝等应用的出现和普及，彻底改变了人们的生活方式，让人们足不出户就可以浏览产品，并实现线上购物，还能网上预约挂号、在线预订车票等。

融合创新催生新业态和新模式

在技术融合创新、生产或服务方式升级的基础上，一批新业态、新模式应运而生，并通过数据融合共享，实现不同产业的跨界交流与融合，推动数字经济实现创新发展。

在数字经济范式下，经济发展要素的融合创新能够带来一系列便捷智能的新业态，如在线教育、互联网医疗、全自动配送、“一站式”出行、远程办公、网络消费、零工经济、新零售等，这些新业态能够为人们提供个性化的服务体验，通过满足人们多样化的需求来驱动经济增长。

值得一提的是，数字经济的业态创新主要是通过基于数字平台的跨界融合来实现的。数字平台能够将用户、企业、政府机构及其他参与者纳入其中，通过虚实交互的数字生态推动数字经济发展。例如，作为消费互联网核心的电子商务，能够实现仓储、交易、物流、广告等相关行业的相互连接，推动其快速发展，同时带来直播电商、微商、跨境电商等新业态。

此外，数字技术的融合应用还能够带动产业模式创新，涵盖技术创新、产品创新、模式创新、业态创新、组织创新等多个层面。对于数字经济而言，最具潜力的创新领域当属智能制造与车联网，这两个领域的发展将对数字经济发展产生深刻影响。

04　技术赋能：产业组织的数字化转型

2014年，我国经济发展的供给与需求结构开始失衡，产业结构性问题日益凸显，推动产业升级已经成为必然趋势。随着数字时代的到来，我国经济迎来了前所未有的发展机遇。各行业积极利用数字技术推进数字化转型，能够赋能产业组织升级，有效化解产业结构性问题，推动经济实现高质量发展。

从本质上看，产业升级其实是企业生产力与市场竞争力的提升。现阶段，越来越多的企业开展数字化转型，不仅提升了产业发展效率，而且推动了产业经营理念的革新。数字化转型可以实现数据、资本、技术、劳动力等资源的跨界流动与优化配置，驱动企业开展技术创新，实现产业技术升级。同时，数字化转型还可以实现产业组织竞争模式的重塑，强化竞争机制，实现资源的高效利用和产业组织的优化升级，这些都为产业结构升级创造了条件。具体来看，数字化转型赋能产业组织升级主要体现在以下几个方面。

实现以用户价值为导向

数字技术的应用能够改变传统的生产关系，实现用户与企业的动态交互。企业借助数字技术创建生产平台，支持用户与企业共同参与产品设计与生产，让用户拥有一部分产品设计的话语权，支持用户根据自身需求对产品进行优化和改进，不仅能够驱动市场力量的转移，实现需求支配生产，而且能够强化供需两侧的连接，实现供需精准匹配，最终为用户提供个性化的产品，践行以用户为核心的宗旨。此外，用户直接参与生产还可以有效降低企业的试错成本，实现产品高效、精准供给。

在数字经济时代，企业要想增强用户黏性、提升自身的竞争力，就必须建设自身对市场缺口精准洞察和快速供给的能力。用户深度参与生产过程能够助力企业更方便、更准确、更全面地获取用户数据，支持企业通过对用户数据的深入分析，精准掌握用户的个性化需求，并通过实时调整生产策略提升企业的市场缺口供给能力，以推动企业实现长远发展。

此外，随着经济发展与生活水平的提升，用户需求呈现出个性化发展趋势。在此背景下，需求侧逐渐成为企业生产的主导力量，推动企业的生产模式发生一定的变革，传统千篇一律的批量生产模式逐渐被摒弃，取而代之的是个性化定制的生产模式。这一生产模式极大地提升了交易效率，降低了企业的运营成本和库存管理压力，助力企业实现高效发展。

提高全要素生产率

在数字经济时代，数据是经济发展的核心生产要素。在用户参与制造的前提下，企业的用户数据得到大规模扩充，为企业高效发展提供了强大的资源支持。企业应当注重对数据价值的挖掘，洞察老用户的新需求、拓展新用户、判断竞争对手的行为，以提升自身对市场发展方向的预测能力，提高创新产出。

一方面，企业要积极利用数字技术提升传统生产要素的生产率，实现用户价值的高效创造。企业可以利用新一代信息技术对传统生产要素的生产数据进行实时采集与精准分析，结合企业生产情况不断优化和调整资源配置，使传统生产要素的价值得到充分发挥。同时企业也可以定期开展在职培训、职业教育等，以提升劳动要素的技能，并将其配置到非程序性业务流程中，以挖掘劳动要素的潜在价值，发挥主观优势，为企业创造更高的价值。

另一方面，企业要利用数字技术充分释放数据资源的深层价值，从根源上提升产业效率。企业应当通过对全部生产要素的分析和处理，变革生产组织、流程和模式，提升生产效率。

综合来看，企业要注重土地、资本、劳动力等传统生产要素与数据要素的融合，从全局角度提升全要素生产率，以推动企业高效发展。

提升产品的附加价值

创新是推动企业创新升级、提升企业竞争实力的关键。在数字经济时代，数字化转型成为必然的发展趋势，迫使企业不断加快创新速度，提升产品供给能力。但由于硬件设施创新的时间跨度比较大，而且工程量巨大，因此在瞬息万变的数字时代，企业可以转变创新思路，以软件业务的创新来驱动价值创造，准确把握机遇，灵活应对挑战。

在数字化转型背景下，企业可以通过与用户的动态交互实现共创体验。企业通过软件业务升级，允许用户参与到产品生产制造的过程中，不仅可以实现企业生产流程、环节及生产关系的创新，而且可以带动产品创新乃至企业创新，以个性化的方式实现共创体验，同时提升产品的附加价值。

此外，在“变化”成为常态的数字经济时代，用户需求也在持续快速地变化。企业与用户的高频互动能够帮助企业更加精准地掌握用户需求的变化，为此企业要加强对用户数据的分析，调整产业结构，提升自身的创新能力，推动产品和服务的创新和升级，进一步提升产品的附加值，从而提升企业的竞争力，助力企业实现可持续发展。

第二章
数字基建：数字经济的底层关键技术

01　5G：引领数字新基建浪潮

第五代移动通信技术（5th Generation Mobile Communication Technology，5G）是能够联通人与物、物与物的重要信息基础设施，也是能够为数字经济高质量发展赋能的新一代移动通信技术。随着2019年我国正式推动5G大规模商用，5G基础设施建设越来越完善，5G的应用场景也逐渐拓展到车联网、智慧城市、无人驾驶、工业互联网等领域。未来，5G技术将推动整个社会走向智能化，成为促进数字经济发展的关键技术。

5G是目前最新一代的移动通信技术，其发展将带动物联网、VR、AR、智能城市、自动驾驶等技术和应用共同发展，为各个行业和领域带来技术突破，从而促进行业进步和社会变革，推动社会生产生活方式走向数字化、智能化。

5G的三大应用场景

为了推动5G技术在各个领域广泛应用，国际标准化组织3GPP将5G的应用场景定义为增强移动宽带（Enhanced Mobile Broadband，eMBB）、海量机器类通信（Massive Machine Type Communication，mMTC）和高可靠、低时延通信（Ultra-Reliable Low-Latency Communications，URLLC）三个方向，涵盖了人们工作和生活的方方面面，如表2-1所示。

表2-1　5G的三大应用场景

应用场景	具体应用
增强移动宽带（eMBB）	与4G应用场景相比，eMBB场景具有更高的性能、更广的网络覆盖范围和更快的传输速度，能够为用户提供更加优质的通信服务。尤其是网络接入速率明显提高，我国5G网络平均下行接入速率为334.98Mbps，平均上行接入速率为70.21Mbps。用户使用5G网络观看4K超高清视频时，5G网络的峰值传输速率能够达到10Gbps以上
海量机器类通信（mMTC）	mMTC是5G中侧重人与物信息交互的物联网应用场景，具有低功耗、低延迟、大连接、高可靠性等优势，其中大连接的特性有助于促进各个垂直行业深度融合，低功耗的特性能够为物联网发展提供支撑，这类应用主要面向智能城市、智能农业、环境监测、森林防火等以传感和数据收集为目标的场景，能够有效降低终端能耗和成本
高可靠、低时延通信（URLLC）	URLLC是5G领域侧重物与物通信的物联网应用场景，具有低延迟、高可靠性、高可用性的优势，适用于远程手术、远程培训、远程制造、智慧安防、工业应用和控制、交通安全和控制等多个领域。这些领域对时延有着极高的要求，而URLLC恰好具有超低时延的特性，能够充分满足这些领域对传输时延的要求，还能充分保证传输的可靠性，支撑该领域发展

5G产业链全景

5G产业链可以分为上游、中游、下游三个部分，各部分所包含的具体内容如图2-1所示。

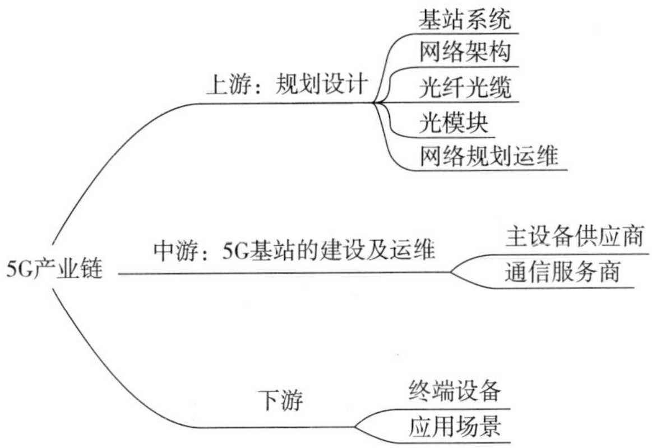

图 2-1　5G 产业链全景图

（1）上游。

★基站系统

基站由基站主设备和室外天馈系统构成，是实现信号收发和无线网络覆盖的关键模块。基站系统主要由天线、射频、小微基站等部分构成。主流的5G基站天线和射频模块厂商包括华为、京信通信、通宇通讯、摩比发展、大富科技、武汉凡谷等。小微基站厂商包括邦讯技术、佰才邦等。京信通信、通宇通讯、摩比发展掌握了大规模天线技术，曾和华为、中兴等设备商在天线射频一体化方面进行了充分合作。邦讯技术、盛路通信、日海通讯等则在小微基站方面拥有一定的领先优势。

★网络架构

5G网络架构的产业链包括光模块、光纤光缆、通信网络设备及SDN/NFV解决方案、网络规划优化和运维。其中，通信网络设备及SDN/NFV解决方案处于产业链核心环节，市场份额相对集中，行业领先企业包括华为、中兴通讯、烽火通信、新华三等。

★光纤光缆、光模块

基站前传与回传网络建设将有力推动光纤光缆铺设，而RRU、BBU等设备升级将推动光模块革新升级，如从6G/10G升级至25G/100G等。领先的光纤光缆厂商包括长飞、中天科技、亨通光电、通鼎互联、烽火通信等；领先的光模块厂商包括中际装备、新易盛、光迅科技等。

★网络规划运维

网络规划运维主要包括前期规划设计（如无线接入网、业务承载网等）和后期优化运维。领先的网络规划运维服务商包括中通服、日海通讯、杰赛科技、三维通信、华星创业等。

（2）中游。

★主设备供应商

华为和中兴通讯是我国两大5G主设备供应商，凭借强大的技术积累和研发投入，二者已经在国内市场建立了较高的竞争门槛。

★通信服务商

国内5G通信服务商包括中国移动、中国联通、中国电信。虽然在政府号召下，三大运营商一直在降低资费，让利于民，但5G有着非常广阔的应用场景，市场空间将进一步扩大。同时，资费降低可以进一步激发人们的消费需求，为通信服务商探索新业务提供诸多便利。

（3）下游。

★终端设备

和4G不同的是，5G终端设备不仅包括手机、电脑，还包括智能家居、可穿戴设备、汽车、工业设备等。终端设备产业链环节主要包括基站芯片、通信模块和天线射频。

5G基带芯片将直接影响终端设备产业进度，高通、三星、华为、联发科是主要的基带芯片供应商。基带芯片通信模块因为技术门槛比较低，给了很多中小厂商入局的机会，国内主流厂商包括芯讯通、广和通、移远通信等。天线射频领域具备技术和产能优势的国内厂商包括信维通信、硕贝德、麦捷科技等。

★应用场景

5G可以赋能医疗仪器、交通工具、工业设施等，满足医疗、交通、工业等诸多垂直领域的需求，在远程医疗、自动驾驶、智慧城市、工业自动化等物联网场景中爆发出惊人能量。

5G应用场景的产业链环节主要是系统集成和应用服务，具体包括系统集成和行业解决方案、大数据应用、增值业务、物联网平台解决方案、行业应用等。领先的系统平台综合服务商包括华为、中兴通讯、新华三、烽火通信、星网锐捷等；领先的大数据应用服务商包括拓尔思、东方国信、天源迪科等；领先的物联网平台解决方案服务商包括宜通世纪、高新兴、拓邦股份等；领先的增值业务服务商包括北纬通信、拓维信息、四维图新及梦网荣信等。

02 AI：数字经济的“智慧大脑”

随着人工智能技术不断进步，各行各业都在加速推动人工智能应用落地。目前，人工智能在各个细分领域的场景化应用日益深入，为各行各业的应用场景赋能，极大地提高了生产效率，推动生产朝着自动化、智能化的方向发展。

随着人工智能产业的快速发展，人工智能技术越来越成熟，人工智能的应用规模也不断扩大，尤其是进入数字经济时代后，人工智能技术会持续为各个领域赋能，推动各行各业进行数字化创新和升级。

一般来说，数字技术是促进数字经济快速发展的关键力量，数据是数字经济发展的重要生产要素，因此企业需要利用数据和技术为细节赋能，破除产业链上下游之间以及产业链各环节之间的数据壁垒，推动产业快速革新。

物联网、云计算、人工智能等先进技术和海量数据为行业发展提供了强有力的技术支撑和信息支撑，也为行业发展创造了更广阔的发展空间和更丰富的发展方向，促进行业创新发展。

AI产业与数字经济

从宏观上看，人工智能产业的发展能够促进经济的数字化转型，推动我国数字经济快速进入高质量发展阶段。2022年1月，国务院印发《“十四五”数字经济发展规划》，明确提出要“加快数字化发展，建设数字中国”，为数字经济的健康发展提供了科学指导。

实体经济是经济社会发展的根本，而数字技术和数字经济是推进产业变革的主要驱动力。因此，企业想要提高竞争力，就必须重视数据和应用场景的作用，不断增强数字技术与实体经济融合的深度，加快行业数字化转型步伐。由此可见，人工智能和数字经济之间存在相辅相成、互相促进的关系，对于人工智能来说，数字经济的快速发展可以为其提供良好的发展环境和广阔的发展空间；对于数字经济来说，人工智能是驱动其发展的重要技术力量。

近年来，人工智能技术逐渐渗透进企业的设计、生产、管理、营销等各个环节，为企业发展提供了便利条件。具体来说，制造、电力、能源、互联网等多个行业均已开始开发和使用人工智能技术，并将人工智能作为数字化转型的重要支撑。

AI的商业价值与企业赋能

如果人工智能产业要通过扩大生产规模来提高经济效益，那么就要积极推进各个项目和服务的创新，提高各项服务的效率和智能化水平。企业要利用5G网络将终端算力转移至云端，实现算力云化，将算力作为创新的基础，同时还要使用云算力平台和一体化数据治理平台来承载应用和解决方案，不断增强自身在通用建模等方面的能力，进而实现技术创新、产品创新和服务创新。

由于人工智能技术的发展逐渐呈现出产品化、产业化的趋势，因此以人工智能为数字化转型的主要驱动力的企业开始面临场景应用碎片化、应用开发门槛高等挑战，亟须利用低成本、高效率、规模化的新型人工智能基础设施来加快人工智能规模化落地的速度。商汤科技开发出SenseCore商汤AI大装置，并将其应用到汽车等制造行业中，实现营收增长。2021年4月，工业和信息化部颁布《“十四五”智能制造发展规划》，要求加快推动智能制造发展。在此形势下，建设“灯塔工厂”和“智能制造示范工厂”逐渐成为制造业企业发展的新趋势，而商汤科技及其研发的SenseCore商汤AI大装置在推进制造业智能化发展的过程中起到的赋能作用不容忽视。

商汤科技通过将创新平台与各制造业企业的生产实践相结合实现AI质检，从而达到提高质检效率和工人能力的目的，并通过强化制造业企业的智能制造能力为企业实现敏捷创新和应用提供支撑，进一步增强企业的整体竞争力，切实推进制造业的智能化转型与升级。

近年来，地平线投入大量时间和精力研发基于AI技术的自动驾驶，充分发挥自身在人工智能领域的优势，持续推进技术创新和生态构建，打造出多款由AI芯片和算法赋能的智能车载设备，研发出由智能驾驶和车载智能交互联动的智能汽车，优化了驾乘体验，并赋能产业合作伙伴，进一步加快实现“人机共驾”。

2021年7月，地平线CEO余凯在地平线大算力高性能整车计算平台暨战略发布会上提出“全维利他，拥抱价值共创、繁荣普惠的行业未来”的口号，在深度融合芯片硬科技和汽车智能化的同时，积极落实关于自动驾驶技术的开放合作和融合创新，建立合作共赢的生态环境，促进AI与汽车制造行业实现高效协同发展。

智能汽车是AI技术与汽车制造业深度融合的产物，也是人类进入人工智能时代的开端。对于智能汽车制造产业来说，以“芯片+算法+工具链”为核心的技术平台是推动其技术创新和产品迭代的基础；对于人工智能产业来说，灵活的商业模式和生态战略是促进其高速发展的重要动力。

03 大数据：数字经济的关键生产要素

随着我国数字经济不断发展，数字经济生态体系建设的步伐越来越快，数据要素逐渐成为推动数字经济发展的关键生产要素。在数字经济时代，各行各业应充分利用大数据推进数字化建设，并建设开放的数据生态体系，加强数据要素在数字经济中的深化应用，加快向数字化转型升级的步伐，充分发挥数字经济对经济增长的驱动作用，提高传统产业的劳动生产率，并探索新的经济增长点，促使数字经济实现可持续发展。

近年来，信息通信技术蓬勃发展，在各行各业实现了广泛且深入的应用，并催生出许多新模式和新业态。然而数字经济不仅从各个角度革新了人们的生产生活方式，还带来了全球经济形态的变化，作为促进全球经济增长的新动力深刻影响着国际经济。数字经济是以海量数据互联和新一代信息技术为依托发展起来的一种全新的社会经济形态，能够充分利用数据资源为产业赋能，并通过不断创新推动产业结构升级，实现创新驱动发展。

各个传统产业可以通过加快大数据的落地应用速度推动产业朝着数字化和智能化的方向转型发展，打造以数据为主要驱动力的新业态，助推我国经济向数字经济转型发展。

随着数字经济时代的到来，大数据逐渐向传统产业渗透，成为推动传统产业数字化、智能化发展的新动力，以及优化数字经济结构和提高市场运行效率的重要工具。大数据在各个领域的创新应用有助于传统产业增强自主创新能力，实现生产创新、管理创新和营销创新，提升生产效率，进而加快数字化转型步伐。

在服务业领域，数据要素与服务行业的融合能够帮助服务行业的企业实现有效的客户细分、风险防控、信用评价等，进而促进服务行业实现业务创新和产业升级。在工业领域，数据要素可以在大数据技术的作用下通过网络在设计、生产、工艺、管理、服务等诸多环节发挥作用，进而提高预测、描述、诊断、决策、控制等环节的智能化水平，加快工业智能化的步伐。农业企业可以通过数据分析实现更加精准的农业生产决策，为农业生产提供强有力的保障，推动传统农业向以数据要素和大数据技术为主要驱动力的智慧农业转型。

大数据是推动传统产业实现数字化、智慧化转型的重要技术基础，也是促进传统经济向数字经济转型的主要驱动力，能够有效提高分工、经济形态和产业结构的科学性，加快经济发展。不仅如此，大数据的应用还有助于产业融合创新，创造出更多新业态、新模式，并从技术和数据层面为数字经济的创新发展提供支撑，为经济发展注入新动能。

- 大数据产业既能够通过激发数据要素的潜能来为数据交易、决策外包服务、分析预测服务、数据租赁服务等新兴产业建设提供支撑，也能在技术上支持智能终端产品更新迭代，助力电子信息产业高质高速发展。
- 大数据在各行各业的融合创新改变了传统产业的经营模式、盈利模式、服务模式等，并通过与不同产业相组合催生出大量新平台、新业态和新模式，如在数字金融中诞生的共享经济。
- 进入大数据时代后，利用大数据开展创新创业的热度越来越高，大量企业纷纷投资发展大数据技术、大数据产业和大数据服务。在这种情况下，数据开放和数据共享将成为激发“大众创业、万众创新”活力的新动力，数字技术的创新发展也将为数字经济稳定持续增长提供强有力的支持。随着现代科技和信息通信技术飞速发展，大数据技术被广泛应用到各个行业和领域中，并催生出大量新产业、新消费和新组织形态，同时为创业创新、产业升级、就业结构优化和经济提质增效赋能，促进数字经济创新发展。

04　物联网：开启万物智能时代

物联网（Internet of Things，IoT）指的是人、机、物互联互通的网络，能够以互联网为基础进行拓展延伸，并接入传感器、工业系统、楼宇系统、移动终端、红外感应器、家庭智能电器、视频监控系统、全球定位系统等末端设备，实现人与物、物与物之间的信息交换和通信，以及对物品的实时监控、远程控制、定位跟踪、自动识别和智能化管理等功能，支持各行各业实现对底层终端设备的"管、控、营"一体化。

随着信息技术不断发展，物联网被广泛应用于各个领域进行数据传输。一方面，物联网能够"按需求连接万物"，实现信息传输、协同交互和对物端的智能化信息感知；另一方面，物联网具有类人化的学习、处理、决策和控制能力，能够实现智能化生产和服务。从目前的社会发展情况来看，物联网正推动人类社会实现"智能化"转型，并通过信息科技和产业的革新改变未来的生产生活方式，加快推进智能时代的到来。

重塑生产组织方式，推动产业革命

随着社会的发展和科技的进步，物联网快速发展，从最初的概念迅速成长为成熟的产业，并作为现实生产力推动新一轮科技革命与产业变革。物联网能够从根本上改变传统企业形态，重塑生产组织方式。近年来，物联网技术不断被应用于新能源、新材料、制造业等领域进行跨界融合，未来将呈现出融合创新的发展趋势。

物联网在各个领域的广泛应用促进了各领域创新发展，与此同时，各个领域对物联网应用的需求也变得越来越复杂，需要将大量智能家电、智慧医疗、市政建筑、农田水利、智能机器人、智能网联汽车、智能可穿戴设备等终端设备和应用接入物联网。人们在使用这些设备和应用时产生的数据是十分重要的信息资源，利用数据分析技术对这些数据进行分析有助于提高生产生活和社会管理的智能化、网络化和精细化水平，进而加快经济社会智能化转型的步伐。

智能生产、智慧生活正在开启

随着时代不断进步，物联网的应用改变了人们的生产方式与生活方式，逐渐将人们带入智能化世界。目前，物联网已经被应用于农业、家居、交通、制造业、车联网、医疗健康等各个领域，并在这些领域中发挥出至关重要的作用。

（1）智能生产方面。

物联网对人们生产活动的影响主要表现为工业领域和农业领域的智能化水平不断提高。

在工业领域，物联网连接起了传感器、控制设备、通信设备、射频识别、智能机器人等设备和远程监视系统、远端业务系统等工业系统，实现了数据获取、数据分析、自动识别、信息处理、射频识别、智能化控制、智能化管理等诸多功能，大幅提高了工业生产的效率和质量，并在提高工业生产的安全性的同时降低了能耗和污染物排放。

在农业领域，物联网可以监测农作物种植环境的温度、湿度、风速、降雨量、病虫害、土壤含量等数据，并以对各项数据的分析结果为依据进行智能化决策，实现精耕细作，提高农业生产的科学性。不仅如此，农业生产者还可以根据这些数据优化耕种，提高耕种质量，例如可以根据数据分析结果精准施肥，在节约资源的同时规避风险，提高农业生产管理质量与效率。

（2）智能生活方面。

物联网对人们生活产生的影响主要表现为家居、交通、医疗等领域的智能化。

智能家居就是利用物联网技术将住宅中的照明系统、控制系统、安防系统和音视频设备等连接起来，实现家居生活和安防服务的信息化、智慧化。具体来说，智能家居的语音控制功能能够为视力受损或行动不便的用户提供方便，智能家居的警报系统能够与人工耳蜗相连，智能家居的监控系统能够及时发现健康事故并报警。

物联网技术的应用还促进了智能交通和车联网的落地。物联网具有强大的数据采集和数据传输等功能，物联网在交通领域的应用能够通过采集、传输和分析交通信息等数据实现智能停车、车内外通信、智能交通控制、电子收费系统、车辆管理控制等多种应用，为出行者提供更加优质的服务。除此之外，物联网还可以用于物流车队管理，利用无线传感器等设备实现实时的车辆跟踪、运输线路的优化等，在提高运输效率的同时节省成本。

在医疗领域，物联网的应用能够实现病患与医务人员、医疗机构、医疗设备之间的互动，促进医疗服务走向智能化。依托物联网技术的智慧医疗既能够跟踪定位药品、保健品，降低监管成本，也能将大数据和智能感知等技术应用到临床精准医疗当中，还能利用智能手环、智能指环等智能可穿戴设备监测人体的健康数据，并利用射频识别等技术采集居民健康信息，构建医疗大数据云平台，智能化管理健康数据。

目前，物联网已经成为推动科技进步和经济发展的重要力量，为我国发展信息科技和数字经济创造了机遇，加快了数字中国建设步伐。

05　云计算：赋能企业“上云”战略

早期的云计算是一种简单的以互联网为中心的分布式计算。随着计算机技术不断发展，当前的云计算已经发展为由分布式计算、并行处理、网格计算、虚拟化等多项技术融合而成的网络技术，能够整合大量计算资源，为用户提供数据处理服务。

从本质上看，云计算的“云”是一个集合了海量计算资源的资源共享网络。在云计算模式下，用户的本地计算机不再需要CPU、服务器、存储器、应用软件、集成开发环境等软硬件，只需要通过互联网向“云”发送指令，收到指令的远端计算机会根据具体的需求协调资源，并将这些资源传送到用户的电脑上。在这种服务模式下，用户可以通过网络随时获取云服务提供商提供的计算资源。

由于云技术具有灵活、便捷、高效、低成本等优势，能够更加安全高效地计算、存储、处理和共享数据，所以企业需要完成从传统平台向云平台的迁移，但云迁移并不是一个能够轻而易举完成的过程。面对云计算带来的计算机网络革新，企业需要积极探索适用于自身的云迁移路径，制定符合自身发展战略的云迁移策略。

企业制定云迁移策略时需要参考大量成功的云迁移项目，并从中汲取经验。具体来说，云迁移战略可以细分为如表2–2所示的三个步骤。

表 2–2　云迁移战略的三个步骤

步骤	具体策略
制订云迁移计划并规划云迁移路线	企业要根据自身的实际情况和行业特性选择合适的“云”，并安排好迁移顺序，充分发挥“云”的作用，优先解决对于企业来说最为紧迫的业务

续表

步骤	具体策略
实施云计算转型和云迁移	企业可以选择合适的云迁移工具将服务、应用和数据等迁移至云端，升级原有应用，打造新的云应用，进一步革新企业的组织架构和基础设施，逐步推动运作模式和文化转型
使用云管理平台完善企业管理	企业应推进企业架构与云的融合，充分发挥云管理平台的作用，利用平台中的数字化工具实现成本控制、治理和服务计量等功能，集中管理企业开发和运维的各个环节

对于云时代的企业来说，将全部业务和应用迁移到云平台并不是面对转型需求的最佳做法。在正式实施云转型计划之前，企业必须明确自身的转型需求、转型原因和业务目标等问题，对自身的业务特点、行业特性和发展现状等情况进行精准分析和判断，以便找出符合自身需求和实际情况的云迁移路径，制订科学合理的云迁移方案。企业在实施云迁移时可以借助专业的云迁移团队的力量来提高云迁移的效率和质量，从而最大程度地确保云迁移成功。

随着商业领域进入全新的数字化时代，企业面临的外部竞争压力和内部创新压力越来越大，需要将目光投向云计算领域，利用云计算技术实现数字化转型，进一步提高组织的弹性和敏捷性，以便更加快速、灵活地满足市场和客户不断变化的需求。

06　区块链：重塑智能社会新图景

区块链技术是推进数字化转型、促进数字产业化的重要技术，也是加速数字经济发展的主要驱动力。区块链技术的应用有助于提高数字经济的治理水平和安全性，助力数字经济实现高质量发展。

区块链具有去中心化和数据不可篡改两大特征以及分布式账本、共识机制、非对称加密等核心技术，能够有效保证数据的安全。由于数据是发展数字经济所必需的重要资源，因此对于数字经济来说，能够安全可靠地记录、存储、传输和加工数据的区块链技术是推动其快速发展的关键技术。

在推进数字经济发展的过程中，区块链技术能够起到调整作用。区块链的核心特点决定了其能够有效解决信任问题，破除数据壁垒，促进数据共享，从而实现数据价值最大化。与传统的IT技术相比，区块链技术能够针对数据治理、数据流通、数据共享、数据安全等问题提供完善的解决方案，在与数据有关的问题上发挥出更大的作用。

2020年4月，国家发展改革委召开新闻发布会，明确将区块链定义为新型信息基础设施，要求大力推进区块链技术和经济社会的融合，不断加快区块链技术应用和产业发展的步伐。随着区块链技术不断进步和产业规模不断扩大，数字经济将进一步发展，产业生态将进一步融合创新，资产上链将成为产业区块链发展的新趋势，而链上资产不仅包括数字化的人民币，还包括数据资产等各类资产。

随着政策扶持力度不断加大，将有越来越多的资本进入区块链领域。这些资本进入之后，将在区块链技术创新发展方面投入更多资源。目前，我国区块链产业飞速发展，区块链企业注册数量快速增长，区块链应用落地的速度越来越快，与此同时，多地政府都积极落实相关政策，提高监管水平。

区块链与“新基建”之间存在相辅相成、互相促进的关系，一方面，区块链能够为“新基建”赋能；另一方面，“新基建”也能完善区块链的基础设施，具体如表2-3所示。

表 2-3　区块链与“新基建”的相互作用

序号	具体作用
1	区块链与工业互联网的协同发展有助于构建链网协同的“新基建”，为区块链提供更多落地场景
2	现阶段的区块链仍旧存在计算和存储能力不足的问题，而建设计算中心和数据中心是提高区块链计算和存储能力的有效方式
3	目前我国需要提高底层技术水平，持续推进区块链技术研发平台建设
4	区块链建设能够为进出口数据的安全提供保障，打通海关、进出口企业、银行等部门间的数据通道，实现信息共享，促进中小企业实现贸易融资

在“新基建”战略下，区块链技术的基础设施日渐完善，未来，区块链产业的技术创新空间将不断拓展。

区块链具有数据难以篡改的特点，能够切实保障个人信息的安全，与此同时，区块链中的智能合约也能有效解决信任问题，打破数据壁垒，实现数据确权，将数据交由多个区块链节点上的主体共同管理，从而促进数据的流通和共享，助力数字经济发展。

不仅如此，区块链还具有可追溯性，能够确保整个链条的真实性和完整性，能够追踪到数据库中每一项数据的使用情况、授权情况、使用量等信息。除此之外，区块链还能利用密码学技术打造不可篡改、不可伪造的分布式账本，保障个人隐私安全，而区块链的链式结构和不可篡改特性也确保了数据的安全；区块链中的共识机制和密码学技术可以解决各个主体间互不信任的问题，实现数据共享和数据共治。在数字经济时代，区块链技术能够增强数据主体之间的信任，破解数据要素安全流通难题。

区块链技术给数字经济带来了全新的生产要素、基础设施、运作机制、信任机制和协作关系。从资源上看，数据、信息和知识是促进数字经济高质量发展的重要资源，其中数据是核心要素；从技术上看，区块链具有共识机制、加密算法、智能合约等核心技术，能够有效增强数字经济中的主体信任和数据安全，其中共识机制能够有效防止数据被篡改，智能合约能借助算法自动执行预设的数字经济规则。区块链技术的应用有助于实现大规模协作，促进数字资源共享，进而构建数字经济新形态，让数字经济成为社会经济演变过程中不可忽视的一部分。

07　数字孪生：面向智能制造的关键技术

数字孪生基于数字化和网络化，实现数字虚体空间中虚拟事物和物理实体空间中实体事物的虚实交互，为促进经济发展、推动制造业数字化转型提供新的技术支持。数字孪生既是连接通道，又是基础性技术，可以充分利用模型、数据，实现管理和业务层面数据流的引入，为企业提供实时、智能、高效的服务。

数字孪生：驱动制造业数字化转型

在人工智能、大数据、云计算等新一代信息技术革命潮流的推动下，数字孪生广泛应用于航空航天、建筑、工业、能源等领域，以及生产制造、设计研发、运营管理、营销服务、维护维修等场景，成为推动企业智能化发展的重要技术。作为驱动智能制造发展的关键技术，数字孪生借助设计、模拟等手段，将设备各种属性映射到虚拟空间，形成一个可复制、修改、删除、拆卸的数字图像，在工业生产、制造、设计、维修等环节发挥着重要的控制和预测作用。数字孪生凭借在模拟、管控等方面的优势，成为制造业向智能化、数字化方向转型升级的主要内驱力。

数字孪生作为一种利用模型和数据的综合性集成融合技术，在实际应用过程中面临着许多问题。特别是对于制造业来说，各行业间的差异性导致模型只能在很小的范围内应用，常常出现软件跨平台集成难、数据采集协调集成难、多学科模型建设融合难等问题。

在与数字孪生相关的核心技术的指引下，各行业、企业和产业之间能够实现资源、技术、信息的互联互通，还可以利用数据和模拟技术推动工艺体系发生新变革。同时，数字孪生技术还可以基于历史数据对生产过程中潜在的故障和风险进行预测，做到精准优化，提升工作效率。

数字化转型是企业实现高质量发展的重要驱动力，而数字孪生技术又是企业数字化转型的关键技术，在制造业领域的应用成为时代发展潮流。在制造业领域，数字孪生覆盖了产品研发、生产制造、营销服务、供应链管理等各个环节，全面连接各生产要素、产业链和价值链，实现行业间的互联互通，为制造业的智能化转型与升级提供最坚实的技术保障。

数字孪生在智能制造中的应用

（1）实现生产流程可视化，提高生产管控水平。

数字孪生技术在生产制造企业的数字化转型中发挥着重要作用。在数字孪生技术的支持下，生产制造企业可以根据生产需求为客户提供多层次的数字化服务，可以基于生产管控提高生产流程的透明度，优化生产工艺，实现远程监控与故障诊断的高度集成，提升生产效率与生产质量，提高管控水平，优化产品的生产制造流程。

（2）驱动企业业务数字化，实现降本增效。

生产制造企业可以利用数字孪生的核心数据对各项业务进行数字化

改造，以数据流为中心，辐射带动技术流、人才流、资金流、物资流，达到降本增效的目的。同时，数字孪生可以有效降低企业运营成本，在降低产品生产设备故障率、提升设备管理运行效率、降低设备维护成本等方面大有裨益。

（3）打造高度协同生产制造价值链释放价值。

数字孪生技术致力于打造高度协同的生产制造链条，通过优化资源配置，协同研发制造，提升生产效率，实现上下游企业间的数据集成，对各个生产环节进行协调，释放企业价值。

（4）构筑数字孪生运营模式赋能转型升级。

数字孪生与产品高度协调，贯穿产品设计研发、生产制造、服务管理等全生命周期，在车间、设备、企业、产业链各个层级中得到深入应用，推动业务创新和产业升级，帮助企业颠覆传统的商业模式，围绕数字化、个性化定制构筑新型数字孪生运营模式，为传统制造向智能制造转型赋能。

第三章
数智革新：企业数字化转型实践路径

01　顶层设计：明确数字化转型的目标

从长远来看，企业数字化转型的目标通常是利用数字技术实现现有运营模式的变革，提升运行效率，实现降本增效，然后在此基础上不断探索新的业务模式，拓展新的运营渠道，开发新的竞争力，创造新的价值，同时注重与产业链上下游企业的协作，实现长远可持续发展，具体包含以下几个方面。

管理精细化

目前，企业的发展环境瞬息万变，企业必须利用数字化手段推进管理模式创新，才能顺应新的战略方向。企业应当借助数字技术，根据数字化转型背景下企业新型业务模式，创新管理形式，实现精细化管理。

从宏观上看，企业应当注重管理数据的收集与应用，借助大数据、云计算等技术对管理数据进行全面收集与分析，结合内部业务调整方向与外部环境变化调整组织架构，优化资源配置，推动“业财管”有机融合，制定符合企业数字化转型战略的管理决策。

从微观上看，企业借助数字技术创建数字化统一管理平台，将企业管理各环节和流程纳入其中，设置功能不同但协同互联的系统，推动企业管理各环节和流程实现数字化变革，如数字化财务报告、数字化绩效管理、数字化业务报告等，落实数字化管理。

产品差异化

在经济高速发展的时代，千篇一律的产品已经不能满足消费者个性化的需求，单一扩大生产规模或拓宽销售渠道的方式已经不能提升企业的竞争优势。企业想要在激烈的市场竞争中脱颖而出，赢得市场，必须利用数字技术推动产品创新、实现产品差异化。产品差异化就是根据消费者的不同需求偏好进行业务调整或重构，为消费者提供个性化的产品和服务。在数字化时代，企业一方面需要借助大数据、物联网等技术广泛收集消费者信息，将这些信息进行整合、分类、分析，借助数据可视化技术创建不同消费者画像，以准确掌握消费者的收入、预算、偏好、需求等信息；另一方面要结合市场需求、市场方向以及自身的战略目标，借助数字技术优化和丰富产品线，拓宽线上、线下一体化的消费渠道，提升消费体验。

服务精准化

企业服务不仅包含为外部客户提供的服务，还包括企业内部各部门运营所需的数据、流程、决策等服务。在数字化转型的背景下，企业要借助数字技术根据不同的场景需求制订不同的解决方案，实现精准化服务。

在现代化社会，服务至上的经营观念已经深入人心。随着企业数字化转型进程不断加快，服务精准化的重要性日益凸显，其对外可以为客户提供更为精准、优质的服务体验，增强客户黏性，对内可以培养自身的业务创新能力，提升运营效率，扩大竞争优势，实现长远可持续发展。可以说，服务精准化水平是企业竞争实力的重要体现。

决策科学化

企业的发展离不开经营决策的引导，而科学的决策能够助力企业实现健康稳定的发展。在数字化转型的背景下，科学决策显得尤为重要。科学决策应当以数据为支撑，数字技术可以实现决策所需各项数据的准确采集和分析，提高决策的准确性、科学性与客观性。

企业在数字化转型的过程中，应当将数字技术应用于业务、财务、管理等各个领域，对各个领域运行产生的数据进行全面收集、动态整合、精准分析、合理应用，在提升自身数据治理能力的同时创建融合统一、动态共享的数据库，并利用物联网、移动互联网等技术实现数据的实时有序流通，充分发挥数据的价值，将海量、复杂的数据转换成可以带动企业高质量发展的科学决策。

客户体验个性化

客户体验个性化是产品差异化与服务精准化的结合，在数字化时代逐渐被企业视为产品的“终极竞争力”，因此实现客户体验个性化也是企业数字化转型的一个重要目标。企业通过为客户提供个性化体验，既可以增强客户的满意度与忠诚度，又可以实现差异化发展，获取独特的竞争优势。

企业在数字化转型过程中，可以借助大数据、物联网、人工智能等技术，对全部营销渠道的客户信息进行全面实时的收集、分类、整合、分析，精准掌握不同客户的个性化需求，并创建准确、动态的客户画像，实现精准营销，提升客户体验，同时结合AR、VR等技术邀请客户参与产品设计、生产、营销等环节，实现与客户的持续互动，提升客户参与度和满意度，进一步提升客户的服务体验，增强客户黏性，提升自身的竞争实力。

02　战略原则：数字化转型的三大核心

业务引领，技术支撑

在数字化转型过程中，企业要结合自身的实际情况与发展需求，深刻理解业务特点，明确未来的发展方向，制定适合自身发展的数字化转型战略目标，根据业务内容对战略目标进行适当拆解，注重与行业内上下游企业进行协作，推动数字化转型战略有条不紊地实施。

此外，数字技术的支撑也必不可少，特别是5G、大数据、物联网、人工智能、边缘计算等技术，它们具有极强的适用性，能够在各类业务场景中发挥作用，实现产业形态的创新与重塑。因此，企业要抓住数字技术带来的机遇，以技术为支撑，整合企业各领域的数据，推动数据融合共享，发挥数据价值，探索数字化时代下新的业务场景与业务模式，实现业务的数字化转型，为企业创造更多价值，并以业务数字化带动企业数字化转型。

统一规划，迭代实施

企业应当明确数字化转型是促进数字技术与企业各领域有机融合，带动各领域数字化变革的过程，整个过程需要耗费很长时间。而数字技术赋能企业发展，需要基于统一规划的数字资源。因此，在数字化转型总体战略目标的指引下，企业应当对业务、数据、技术等资源进行系统性梳理和规划，推动“业财管”融合，消除原有的“数据孤岛”，预防可能出现的新型“数据孤岛”，真正实现数据共享，充分发挥数字技术的优势，实现数据驱动的数字化转型。

此外，企业要用长远的眼光看待数字化转型，要始终围绕客户需求，结合自身的经营状况、员工能力、信息化程度等要素以及外部市场环境情况来制订转型方案，推动企业运营的各个环节实现数字化转型。

价值导向，集约建设

企业开展数字化转型应当始终坚持价值导向，推行集约化建设。近两年，新冠肺炎疫情的暴发严重阻碍了企业开源，再加上“双循环”新发展格局的构建，使得企业的运营成本不断攀升，面临着巨大的挑战。在此情况下，企业数字化转型应当从业务转型的难点和痛点着手，借助数字技术与合适的手段开源节流，实现降本增效。

同时，企业也要创建共享平台，对人力、财务、IT、法务、采购等资源进行统筹配置，推进资源共享，并将过往优秀的、参考价值高的业务模型或构件等资源沉淀下来，结合创新型的业务流程创建标准化的、可以重复使用的微服务构件，以服务于企业的数字化转型，节约企业探索新业务模式的成本，助力企业选取最佳转型路径，降低转型风险，实现集约化建设。

03 转型思路："四位一体"的关键点设计

以数字规划为起点

企业数字化转型并非单纯使用数字技术来处理简单事宜，而是将数字技术与业务流程、组织模式、企业管理等进行深度融合，助力企业实现商业模式的创新与变革。现阶段，越来越多的先进企业开始推进数字化转型。然而，数字化转型的概念提出的时间较短，成功经验较为稀缺且片面，并且其涉及的领域极为广泛，数字技术的应用极其细致，因此，企业开展数字化转型应当注重价值驱动、战略关联、由点及面、领导主抓等原则，以降低数字化转型的成本和风险。

从整体来看，企业数字化转型是一项长期的、持续的系统工程，首先应该做好顶层设计，这就要求企业注重数字化思维，基于业务战略和客户体验，结合发展现状与未来的发展目标，采用数字化手段从全局发展角度进行统筹规划，创建并优化数字化的顶层设计。具体如表3-1所示。

表 3-1　企业数字化转型顶层设计的五大内容

序号	具体内容
1	结合企业的发展特征设定科学的数字化转型目标

续表

序号	具体内容
2	明确自身数字化转型的优势与不足，不断探索弥补措施
3	根据数字化转型目标设计企业转型的蓝图框架
4	制订多个数字化转型方案，通过风险评估和收益预测对这些方案进行优劣排序，完善数字化转型路径
5	针对数字化转型效果制定关键指标、评估组织、评估方案、评估周期等，并根据企业实际情况进行动态调整

以数字能力为主线

企业开展数字化转型，必须培养自身的数字能力，实现企业资产的高效利用，充分发挥资产的价值，同时助力企业提高业务获单与履约水平，为企业数字化转型奠定良好的基础。实际上，企业建设数字能力就是将新一代数字技术应用于经营的所有流程、环节及链条中，以实现数字化变革。具体来看，企业要基于海量数据，提升自身学习新知识的能力和开拓新业务的能力，以适应快速变化的经济环境，应对各种新型挑战。企业提升数字能力的三大措施如表3-2所示。

表3-2　企业提升数字能力的三大措施

序号	具体措施
1	借助传感设备和基础软硬件设施对数据进行感知、采集和存储。数据可以存储在本地，也可以借助云技术存储于云端
2	结合5G、云计算、边缘计算等技术创建企业云平台，并基于云平台进行数据整合、处理、分析，并将企业大数据与数字技术、软硬件设施等进行融合，形成可共享调用的技术服务组件，为企业建设数字能力提供必要的基础
3	利用大数据、人工智能、系统集成等技术对数据进行合理呈现和应用，打通企业运营各部门以及不同流程和环节的数据通道，实现数据资源的整合共享，发挥数据和数字技术的价值，推动企业的业务、组织、流程、管理实现优化升级，提升企业决策的科学性和高效性，实现企业数字能力建设，最终实现数据驱动的企业发展新模式

以转型价值为导向

企业开展数字化转型既可以提升企业竞争力，助力企业在市场竞争中脱颖而出，也可以推进业务创新，实现更好的发展，这些结果最终都会为社会创造更高的价值。企业数字化转型也应当以创造商业价值和社会价值为导向，这样的转型才具有现实意义，也才能为企业各管理层所认可。因此，企业应当结合自身发展特点、过往经验与未来发展方向，整合内部力量，借助外部市场力量，以转型价值为导向，高效推进数字化转型。具体来看，企业数字化转型过程中的价值创造形式如表3-3所示。

表3-3 企业数字化转型过程中的三大价值创造形式

价值创造形式	具体内容
研发新产品，开创新服务，实现产业价值创造	利用数字技术精准捕捉和分析客户对产品或服务的个性化需求，并据此对产品的设计、研发、生产、营销、服务的整个生命周期进行创新和优化，提升产品全生命周期的价值创造能力，为客户乃至产品供应链创造新价值
推动资产高效运营，为企业创造更多价值	企业要根据数字化转型的战略目标对各类资产进行经济、灵活的调配，提升资产运营效率，以支撑内部业务活动的高效开展
提升业务履约水平，为外部市场和社会创造更多商业价值	企业一方面要创建对外开放的交流平台，实现与客户的实时动态交互，为客户提供良好的服务体验；另一方面要提升自身洞察市场的能力，不断探索新的市场领域，开辟新型商业模式，为社会创造新的价值

以数据要素为驱动

随着新一代信息技术的发展与应用，信息大爆炸时代的到来，数据日益成为企业的新型生产要素。在此形势下，企业要积极利用大数据、物联网、云计算、人工智能等技术，对能为企业创造价值的企业内外部所有的数据进行动态感知、智能收集、精准分析、智能决策，并在一定条件下自动执行企业决策，实现智能生产、精准营销、生态协同，真正实现数据驱动企业运行。数据作为新时代企业发展的重要资产，其在带动企业高效运营方面主要发挥三大作用，具体如表3-4所示。

表3-4 数据驱动企业高效运营的三大作用

作用	具体内容
数字服务	借助数字技术对服务全过程产生的数据进行全面收集和分析，并据其描绘准确的、动态的客户画像，实现精准服务，提升客户转化率和营销利润。同时，企业要根据服务主体适当优化和延长服务链，提高服务营收，还要借助数字技术对多维销售数据进行客观分析与可视化呈现，结合市场需求实时优化销售策略，推动销售业绩增长
数字生产	企业将数字技术引入生产的全过程，对全部生产数据进行实时收集和精准分析，一方面可以对整个生产过程进行实时监督和管控，优化生产流程，保证产品质量，提升产品竞争力；另一方面可以结合内部业务创新与外部市场需求的变化，推动生产资源的广泛协调与高效利用，实现柔性化生产，节约生产成本，提升生产效率，实现可持续发展
数字管理	企业可以创建数字化的统一管理平台，整合内外部数据打造融合共享的数据库，针对不同业务场景对相应的数据进行精准分析，优化管理流程与管理决策，提升管理水平和管理效率，助力企业实现智能化管理

04 落地路径：企业的数字化重构与再造

明确企业发展战略，提出数字化转型主张

企业的发展离不开发展战略的指引，科学的发展战略能够帮助企业明确未来的发展方向和发展目标，促使企业统筹规划内部资源，优化运营流程，实现高质量发展。从本质上看，企业战略就是企业内部控制与管理的最高目标。因此，企业要开展数字化转型，必须制定合理的发展

战略。

现阶段，我国正在开展“数字中国”建设，企业制定发展战略要紧扣这一政策主题，这样才能推动数字化转型战略高效落地。此外，企业的这一做法也具有较强的划时代意义，对未来发展有着不可估量的作用。

（1）首先，企业要在内部部署数字化网络、软硬件设施，创建完善统一的数据库，为企业战略的制定奠定坚实的信息化基础；其次，企业决策层要根据企业的核心业务、技术发展方向以及市场环境发展趋势制定合适的发展战略，并强调数字化主张。企业战略的执行过程与阶段目标要与数字化主张相结合，形成数字化转型战略。

（2）企业的相关组织结构应当根据企业战略进行动态调整，创建并完善内部管控系统，推进数字化转型战略有条不紊地实施。同时企业还要注重做好风险管控，避免不必要的损失，实现健康发展。

提升企业新型发展能力，支撑数字化转型升级

数字化转型对企业的数字化能力提出了新的要求。企业在开展数字化转型的过程中，要有能力对新一代信息技术进行深入应用，通过技术赋能加速业务创新和管理升级，打造新的竞争优势，提升新型发展能力。因此，企业应当积极学习数字技术的相关理论，深刻理解其中的内在逻辑，并借鉴全球经济市场上数字化转型的成功案例与优秀经验，不断提升自身的数字化能力，为全面推进数字化转型夯实基础，具体措施如下。

- 企业要根据发展战略创建数字化转型架构，明晰数字化转型的

重点任务、阶段目标、实施步骤以及相应的能力要求，构建数字化能力体系，更好地服务于企业的数字化转型。

- 企业要基于数字化转型架构和能力体系，结合新一代信息技术与社会战略规划的变革要求，建设创新型战略规划能力，确保数字化转型总体方向的正确性。
- 企业要在现有技术能力的基础上不断学习，促进数字技术与企业发展战略深度融合，研发适合企业数字化发展的核心技术，打造新型能力，以支撑企业的数字化转型与升级。

打造数据治理体系，提供数字化转型保障

在数据成为企业重要资产的时代，数据治理的重要性日益凸显，是驱动企业数字化转型顺利开展的重要因素。因此，企业要重点构建数据治理体系。一个完善的数据治理体系应当能够支持数据集成、数据清洗、数据融合、数据应用的全部过程，并且能够使数据资产的深层价值得到充分、有效的发挥，为企业的数字化转型提供全方位保障。

完善的数据治理体系涵盖企业战略、组织架构、企业文化与制度、信息化平台与系统、技术手段等多维度的内容，再加上现阶段企业运营数据呈现出爆炸式增长之势，并且数据来源、格式、标准等具有一定的差异，这意味着数据治理体系建设是一项较为艰巨的任务，也是一项系统性工程。因此，企业要合理利用数字技术，打造科学的数据治理体系，以保障数字化转型顺利推进。具体来看，数据治理体系建设主要包括表3-5所列的几个方面。

表 3-5　数据治理体系建设的四大方面

序号	具体内容
1	借助大数据等技术全面整合企业的数据资源，并对其进行整体规划，制定企业数据资源清单
2	制定统一的数据标准（元数据、业务数据、指标数据等），对多源异构数据进行统一处理，为数据共享提供便利
3	根据标准统一的数据进行数据治理，实现数据驱动业务应用和创新，进而实现数据驱动企业发展
4	根据企业的数字化战略、发展特点及业务情况，创建数据治理规范体系，对数据治理流程进行规范和约束，明确相关组织的职责，从制度层面为企业的数字化转型提供保障

构建系统解决方案，推动全面数字化转型

企业的数字化转型涉及企业战略、业务流程、组织架构、技术工具、数据资源、服务模式等多项内容，是一场系统性的变革，需要企业从全局角度切入创建系统性的解决方案，实现企业发展的全部要素的交互与协同，推进企业实现数字化转型。在这个过程中，企业需要对表3-6所列的几个方面进行综合考虑。

表 3-6　企业数字化转型需要考虑的七个方面

切入层面	具体内容
战略方面	企业要将数字化转型作为现阶段的发展战略，从战略高度深化企业内部组织的数字化转型意识
文化方面	企业要结合现有的企业文化与数字化转型战略建设健康的数字文化，并要将其置于重要位置，还要根据企业的发展情况、外部市场环境变化以及信息技术的变革对数字文化进行实时更新和优化
数据方面	企业要围绕内外部数据开展全面收集、动态整合、智能处理、精准分析、高效治理、协同共享、智能应用等一系列操作，发挥数据驱动作用
技术方面	企业要合理运用人工智能、物联网、大数据、云计算、区块链等新一代数字技术，注重多项技术的组合应用

续表

切入层面	具体内容
流程方面	企业要结合发展战略对业务流程进行优化或重塑，并借助数字技术实现业务流程的实时、动态管控
组织方面	企业要基于业务流程创建合适的组织架构，根据战略或业务调整对组织架构进行动态优化，保证其合理性与高效性
服务方面	企业要打通内部各部门、各系统之间以及企业与外部环境之间的数据通道，消除“数据孤岛”问题，推动数据协同共享，建设数字业务服务能力

第二部分

数字产业篇

第四章
智能制造：工业物联网平台实践

01　抢占未来制造业竞争制高点

工业互联网平台是互联网科技发展的必然结果，是推进现代化产业体系构建、促进经济高质量发展、抢占新一轮产业革命先机的重要举措。

工业互联网平台是建设现代化产业体系的重要支撑

工业互联网平台集成了多项技术进行创新，其中比较有代表性的技术有物联网、智能传感、工业技术、云计算、大数据等，为现代化产业体系的构建提供了新业态、新基础、新要素，将产业发展推向高端化、绿色化、生态化、智能化。具体来看，新业态、新基础、新要素的内涵如表4-1所示。

表 4-1　新业态、新基础、新要素的内涵

	具体内涵
新业态	降低传统产业体系的耦合度以达到重建网络化协同、个性化定制、服务型制造等新业态
新基础	构建新的现代化产业体系基础设施，主要设施和内容包括智能感知、工业软件、泛在网络、云平台等
新要素	以数据为支撑，将数据打造成新的生产要素，对工业知识进行沉淀、传播与复用，对其价值进行重构，借此打造一个新体系

企业要在构建新业态、新基础、新要素的基础上，大力促进现代化产业体系向服务增值、软件定义、数据驱动、智能主导、万物互联的方向发展。

工业互联网平台是建设制造强国和网络强国的关键点

工业互联网平台处于制造与互联网的中间环节，是连接制造强国和网络强国的桥梁，也是两者协同推进的重要发力点。从制造强国的视角来看，工业互联网平台能够突破设备、系统、厂区、地域的限制，实现生产体系的快速重构，促进和引领组织变革，对资源配置进行优化，以打造新型制造体系。

从网络强国的视角来看，工业互联网平台能够为信息通信业的发展和进步提供一个新思路，促进5G、时间敏感网络（Time Sensitive Networking，TSN）以及窄带物联网（Narrow Band Internet of Things，NB-IoT）等相关网络技术的升级与发展，将我国信息网络的基础设施、技术产业和应用水平提升到一个新的高度。

工业互联网平台是我国经济实现高质量发展的重要举措

目前，我国经济追求的不再是高速发展，而是高质量发展，这一巨大转变对我国的经济结构、发展方式和增长动力提出了新要求。建设工业互联网平台的初衷是构建精准、实时、高效的数据采集与互联体系，为企业的精确判断和科学决策提供数据支持，降低传统产业制造体系各生产环节和要素的耦合度，实现生产全过程、全要素、全生命周期资源的整合重构与优化升级。

制造资源的整合升级使各类资源由单机转向系统、由封闭走向开放、由流程优化走向组织变革，由点到线，由线到面，实现系统发展，切实提高全要素生产率，推动经济发展的质量、效率及动力变革。

工业互联网平台是全球新一轮产业竞争的制高点

在过去的40多年里，信息与通信技术（Information and Communication Technology，ICT）领域以产业生态为基础的竞争愈演愈烈，从20世纪80年代开始的Wintel联盟到Android、iOS，从电子商务、搜索引擎到社交平台，全球ICT产业的生态发展一直受一批领军企业操控。目前，随着新一代信息通信技术在制造业领域的嵌入应用，产业生态的竞争逐渐由ICT领域转向制造领域。

典型代表如通用、西门子等企业基于“智能机器+云平台+工业App”功能架构，将“平台提供商+应用开发者+用户”生态资源进行整合，掌握在工业大数据入口方面的主导权、培养大量开发者，提高用户黏性，以工业互联网平台为支撑，构建制造业生态、不断巩固制造业的垄断地位，夺取全球新一轮产业竞争的制高点。

02　加快推动工业设备上云

信息通信技术的推广与普及离不开相关杀手级应用程序的牵引，其先导性、引领性和带动性切实推进了新兴技术、应用、产业和商业模式的发展，使信息通信技术得以在商业领域大范围应用。

总体来看，工业互联网平台的发展依旧处在起步阶段，不断发展演化的新应用、新模式离不开真实应用场景相关需求的引导。在这种情况下，相关企业要从实际出发，优先依据具体情况和需求考虑工业发展“要什么”，培育和构建杀手级应用程序，抢占工业互联网平台技术、功能、商业模式发展变化的制高点，实时甄别工业互联网平台存在的实际问题以及真实需求的具体场景。

2017年11月，国务院出台《关于深化“互联网+先进制造业”发展工业互联网的指导意见》，强调鼓励中小企业业务系统向云端迁移，实现百万家企业上云，在这个过程中出现了一批引导工业互联网平台发展的先导性应用，这些应用大多是具有高价值、高耗能、高通用性和高风险隐患的工业设备，为工业互联网平台建设提供了突破口。

以工业设备上云为平台建设的突破口

工业设备上云是工业互联网平台的基础支撑，是依托相关工业设备打造的数据信息采集体系。该体系以云计算技术为支撑，打造集数据汇聚分析及服务于一体的平台，实时监测、预测、预警和优化相关工业设备的状态。

工业设备上云具有必要性。从当前状况来看，我国工业体系中的很多设备存在资源消耗严重、安全风险较低、利用效率不高等问题。工业互联网平台的出现和深入融合将切实改善这些情况，推动产业转型升级，为工业制造中存在的问题提供新的解决思路和方案。

工业设备上云具有可行性。从技术方面来看，传感器具有成本低、能耗低、微型化的优势，能够在构建工业设备实时、系统、全面的数据信息采集体系的过程中发挥基础性作用；云计算、大数据以及人工智能等技术相互融合、协作，能够对工业知识、经验和方法的沉淀、传播、复用提供支持。从实践方面来看，以工业互联网平台相关解决方案为基础，通用借助Predix平台优化风机机组的运行状态，将风力发电量提高了3%~5%；西门子依托MindSphere平台将燃气轮机计划外的故障发生率降低了70%；东方国信以Cloudiip平台为支撑将锅炉使用率提高了30%；国家电网以工业互联网平台为基础将部分地区新能源发电量提高了1%~4%。

工业设备上云具有带动性。从现实状况来看，当前工业设备上云的市场需求大、技术含量高、参与主体更是数不胜数，不仅可以降低企业生产运营成本，还为设备管理、平台运营、第三方服务等各类参与主体带来巨大的商业利益。具体来看，工业设备上云有三大好处，如表4-2所示。

表4-2　工业设备上云的三大好处

序号	好处
1	带动相关设备数据信息采集、汇聚和分析服务体系的完善，更好地进行工业知识、经验、方法的沉淀和积累，促进大规模专业App的开发与应用，提升技术成熟度
2	带动制造能力的在线发布和交易，以工业互联网平台为基础培育新模式、新业态，提升商业模式的成熟度

续表

序号	好处
3	带动数据采集的整理与汇聚，优化和完善相关平台的功能，针对相应的机理模型进行研究与开发、培育极具竞争力的工业App，打造资源汇聚的开源社区等全方位、多领域的生态，提升产业生态的成熟度

工业设备上云思路与路径的研究开发

工业设备上云是一个长期的目标和任务，在深入落实的过程中必须具体问题具体分析，以实际需求为相关工作的出发点和落脚点，让部分满足条件且有上云需求的潜力型设备优先上云，加大对大型通用工业设备的研究力度，借助公有云、私有云及混合云等多种方式，实现多设备之间的泛在互联，进行海量数据与信息的聚集与共享，对资源进行系统优化与配置，促进有关生产、经营方式以及商业模式的创新，以完成绿色、节能、高效的新型制造业生态的构建与打造。

从实践方面来看，目前满足条件且有上云需求的潜力型设备可以分为四种类型，如表4-3所示。

表 4-3　适合上云的四类工业设备

设备类型	典型代表
高耗能设备	炼铁行业和工业中必须使用到的高炉和锅炉等
通用动力设备	大型发电机、汽油发动机、柴油发电机等
新能源设备	风电、光伏等设备
高价值设备	数控机床、工程机械等

优先推动上述设备上云，能够在工业互联网平台解决方案的支撑下提高相关设备的能源利用效率，增强相关设备的风险防范能力，减少设备计划外故障和相关维护、服务的成本，促使发电效率以及并网效率大

幅提高。这部分设备上云之后，企业要对工业设备上云的重点进行调整，进一步研究如何以重点设备的上云为切入点，持续推进和牵动百万工业企业上云这项工作。

工业设备上云亟须突破四大“瓶颈”

虽然我国工业设备上云具有清晰可行的规划和路线以及完整、优质的商业模式，具有较高的经济效益和巨大的发展潜力，但我们不得不承认工业设备上云想要完全实现还有很长的路要走，而且许多企业在工业设备上云的过程中存在畏首畏尾、缺乏定性、勇气和实力不足等痛点。为了推动工业设备上云，企业必须尽快突破设备上云的四大“瓶颈”（见表4-4）。

表 4-4　工业设备上云需突破的四大“瓶颈”

问题	具体表现
数据难以采集汇聚	进入21世纪以来，我国工业发展迅速，工业设备的种类及数量快速增长，各种协议纷繁复杂，给工业设备上云带来了较大的压力，导致工业设备数字化改造艰难且成本较高，协议的兼容性比较差、云端汇聚数据的效率也无法达到相应的要求
机理模型的沉淀不足	从表面上看，相关工业软件、App以及微服务组件在质量和数量上的缺陷是当前形势下我国工业互联网平台发展与国际工业互联网平台发展之间差距的主要表现，但归根结底是因为工业技术、知识、经验的沉淀不够，相关工业原理、工艺流程以及建模方法的积累不足，算法库、模型库、知识库等行业机理模型严重缺失
高端服务水平低	数据难以采集汇聚、机理模型的沉淀不足、开源社区和海量工业App开发队伍匮乏，以平台开发为支撑的工业App功能种类比较少、可用数量有限等问题，都对百万企业上云目标的实现造成了一定的阻碍，无法满足上云需求，缺失成熟的商业模式
数据安全风险大	工业设备上云客观上实现了工业设备运营体系从封闭向开放的转变，使工业设备数据的储存方式、管理模式以及运营机制都迎来了巨大变革，但开放和变革的背后也隐藏着较大的安全隐患和风险

03 完善工业App生态格局

工业互联网平台建设和推广不是一件容易的事，而是一项长期的、复杂的系统性工程。因此，工业互联网平台建设要坚持对平台“建设”与“使用”的双轮驱动，积极促进“建生态”与“补短板”之间的协调与发展，不断推进工业互联网平台建设，打造更优质的工业App资源池，创造更适合发展的平台试验测试环境，切实完善公共服务保障体系，携手打造资源富集、开放共享、创新活跃、高效协同的工业互联网新生态。

打造两类工业互联网平台

工业互联网平台实际上扮演着一个承上启下的角色，一方面，以工业技术软件化为支撑，采用工业App的形式来提供相应的服务；另一方面，对各种类型的软件和硬件资源进行接入、控制和管理，以自身积累的相关知识为工业模型的构建赋能。“企业主导、市场选择、分类施策、动态优化”是工业互联网平台建设过程中应该始终坚持的规范与原则，具体分析不同行业以及地域之间的差异，对相关机制和政策体系进行优化和完善，打造多层次、系统化的平台发展体系。具体来看，这两类工业互联网平台如表4-5所示。

表4-5 两类工业互联网平台

类型	具体措施
培养跨行业、跨领域的工业互联网平台	分期、分批次地进行跨行业、跨领域的工业互联网平台甄选，并对选择的工业互联网平台进行跟踪评价和动态调整，创建3~5家具备国际竞争力和巨大潜力的工业互联网平台，积极促进工业设备协议开源社区建设，推动工业基础共性技术发展，重点实现软件化封装、平台化汇聚和在线化开放

续表

类型	具体措施
推动工业互联网平台向企业级发展	着眼于装备、石化、电子和钢铁等重点行业对数字化、网络化、智能化转型的需求，将行业骨干企业与科研所放在核心地位，不受关键技术的制约和限制，突破平台管理、数据采集、开发工具、微服务框架、建模分析等关键技术“瓶颈”，不仅要打造一批企业级工业互联网平台，还要推动工业互联网平台在“块状经济”产业集聚区落地

建设三类工业App

工业App在工业互联网平台建设过程中发挥着关键作用，企业要将基础共性工业App、行业通用工业App和企业专用工业App这三类工业App的建设放在重要位置。其中，基础共性工业App作为工业共性技术和知识的新载体，着重突出公益性；行业通用工业App是一种垂直细分领域的数字化解决方案，着重突出系统性；企业专用工业App集中体现了相关企业的优势和核心竞争力，着重突出定制化的特点。具体如表4-6所示。

表4-6　工业App的三种类型

类型	具体内容
基础共性工业App	以基础领域（产业技术、元器件、原理、工艺和材料）为核心，围绕相关领域促进基础共性工业App和微服务组件的开发、交易与应用，不断提高其效率与质量。企业要编制基础共性工业App需求目录，提高并优化全行业基础共性算法、模型以及服务供给能力
行业通用工业App	针对流程行业（如医药、石化、电力等）和离散行业（如机械制造、电子电器、航空制造等）的共性需求，以工业互联网平台为支撑，打造设计制造协同、生产管理优化、设备健康管理、制造能力交易等行业通用的工业App及微服务资源池，不断提升行业技术、工艺、经验等共性知识的供给能力
企业专用工业App	能够满足特定的行业、场景以及特殊应用的需求，促进工业互联网平台与第三方开发者和用户企业之间的对接与合作，根据实际情况建设一批能够解决企业特定问题的企业专用工业App

开展四类实验测试

工业互联网平台实验测试能够将平台性能进行系统性优化和升级，在提升其兼容性与适配度的同时扩大其应用规模。该实验测试是技术产业成熟的加速剂，也是协同创新生态的重要打造途径。为此，行业要推进和落实工业互联网创新工程，“以测促建、以测带用”，不断进行测试和优化，构建一批能够被广泛推广应用的解决方案和平台，促进平台规模化应用。具体来看，工业互联网平台的实验测试包括四种类型，如表4-7所示。

表 4-7　工业互联网平台的四类实验测试

实验测试的类型	具体内容
跨行业、跨领域的平台实验测试	将实验测试的重点放在平台性能完整度、适配度与兼容性、安全性与可靠性、动态重构性以及平台间数据信息迁移能力、能够被调用的服务等相关领域，深入落实平台规模化应用推广
面向特定行业的平台实验测试	面向电力、汽车、钢铁、石化等行业，对相关平台的行业解决方案、核心能力、供应链协同服务等进行实验测试，不断促进工业知识的沉淀和复用
面向特定区域的平台实验测试	以产业集聚区相关企业业务系统的整体上云、重点设备的规模接入、区域协同共享、区域共性应用开发等共性问题为基点，开展以平台为支撑的多种不同种类的设备的集合接入、软件工具共享以及业务在线协同等实验测试，加速落实工业互联网平台在特定区域的应用
面向特定工业场景的平台实验测试	针对特定的工业场景，对相关设备进行预测性维护、能源优化、智能排产和检测等，支持AI、区块链、TSN等单项前沿技术的开展和应用，进行单个工业场景的实验测试，促进形成以平台为基础的小程序、模块化工业App和高质量解决方案

完善三大支撑服务体系

工业互联网平台的三大支撑服务体系如表4-8所示。

表 4-8　工业互联网平台三大支撑服务体系

服务体系	建设措施
建立健全标准体系	将工业互联网平台标准化，研究制定相应的国家标准、行业标准和团体标准，发布平台标准体系建设指南，指导标准体系的建立与完善
建立监测分析体系	对工业互联网平台信息进行监测和分析，建立健全与之相对应的报送指南和检测指标体系，以协会联盟为引领者，定期开展平台细分领域的功能绩效评价，促进工业 App、平台用户画像以及行业应用数字地图的发展
建立新型服务体系	对制造业产业链从研发、采购到生产、物流和运营服务的全过程进行优化和升级，不断推动工业互联网平台线上企业资质、产品质量和服务能力建设，全面推动新型服务体系建设和落地

04　5G工业互联网的挑战与对策

5G商用对工业互联网提出的挑战

（1）商业盈利模式不清晰。

5G 网络技术需要根据不同的情况提供有针对性的网络带宽和网络维护服务，以适应不同的应用场景和定制化的服务过程。另外，5G 网络运营的成本相对较高，使得 5G 在工业互联网中的具体计费模式和商业模式有所改变，短时间内没有一个较为清晰的 5G 商业模式。

（2）用户隐私泄露隐患。

首先，5G 网络技术的发展使得虚拟化技术得以发展和引入，用户虽然能够获得前所未有的资源共享服务，但由于虚拟化技术的网络界限不清晰，与传统硬件设施的网络界限相比存在较大缺陷，导致用户隐私无法得到保障，给信息窃取者可乘之机。其次，与 3G、4G 相比较而言，

5G不再局限于单一的接入技术，而是一种万物互联的状态，包含多种类型的无线接入和现有技术集成。正因如此，一旦用户在某一个网络节点上传信息，其信息便能轻易地被整个系统获取。最后，5G技术在各垂直行业的应用，使任何一个网络环节都有暴露用户身份信息、健康信息、购物信息的可能性，造成个人信息的泄露。

优化5G商用促进工业互联网发展的建议

（1）探索新型商业模式。

在5G网络模式下，工业互联网企业要与运营商联合起来，加强协商与合作，携手共探新型的商业模式，以不同的定制服务和不同的应用场景为依托构建多维度计费模式，在推动工业互联网发展的同时提高5G运营商的收入。目前，5G网络服务的成本比较高，企业应该加强5G网络资源共享，降低网络基础设施的重复建设率，不断提高网络资源利用率，集中力量持续推动5G网络高效发展。

（2）加强用户隐私保护。

在网络技术方面，企业必须依据5G网络的不同应用场景来构建有针对性的数据信息保护模型，用不同的、个性化的方式对不同的信息予以保护，因地制宜地解决相应的用户隐私信息保护问题，充分利用密钥、用户许可以及访问控制的相关功能进行用户隐私信息保护，确保每个网络环节之间的信息传输和处理不会引发信息泄露和被恶意攻击的风险。

在政府监管和社会监督方面，政府应该充分发挥其在工业互联网发展过程中的服务与监督作用，适当参与部分工业互联网的管理工作，对相关的企业获取、传输、处理用户信息的行为予以规范，切实保障用户利益。社会监督的主体一般是公民和组织，但是现实生活中社会监督缺乏专业性，监督效果总是差强人意。针对这种情况，行业亟须成立专业知识背景过硬的组织，如计算机行业协会等，以加大社会监督力度。

05　工业物联网平台实践路径与案例

工业物联网平台是推进制造业数字化、智能化、网络化发展的关键设施，也是在汇聚、采集和分析大量数据的基础上建立的网络服务体系，能根据不同需求智能高效地连接和调度生产资源，实现工业技术和应用的革新。工业物联网平台不仅实现了生产控制，还能服务于物联网中的大数据，还可以根据基础架构实施高效的数据分析和智能运维管理，以便充分满足用户的个性化需求。

面向装备制造业后服务市场的工业物联网平台

对于移动装备（如叉车、船舶、商用车、农用车、工程机械、轨道车辆、新能源汽车、隧道施工设备、矿井掘进设备等）、无人野外作业设备（如光伏、风电、油气钻采设备等）以及安全相关设备（如电梯等）来说，工业物联网应用是一种必需品。装备制造业企业在经营模式的持续创新中开拓出设备、供应链、综合解决方案等各种服务业务，加快了企业侧重点从产品转向服务的速度，增加了产品的附加值。

远景智能（Envision Digital）利用其发布的EnOS智能物联操作系统为企业和城市的数字化转型赋能。目前，远景智能不仅是新能源行业的领军企业，还是一家软件技术公司，用于设备运维、风电场运营和选址等操作的多个工业App都在其开发的EnOS工业互联网平台中有所部署。

目前，世界范围内有6000多万台智能设备已经接入远景EnOS工业互联网平台，这些智能设备涵盖了光伏、风电、储能、充电桩、电动汽车等诸多领域，创建出“机器社交网络”，实现了设备间的智能对话和智能协同，促进了可再生能源大规模接入工业互联网，加快了从高碳能源向可再生能源的转型。不仅如此，借助水平集成能力为客户赋能来融合当前的系统数据，还能为企业和城市提供多维度、多视角、更完善的数字化转型方案。

对于工程机械行业的后服务市场，我国工业物联网平台已经实现了与海量设备的互联互通，有着较好的应用基础。装备制造业利用工业物联网平台能够远程进行产品监管和维护，不仅可以降低成本，还能提高服务质量以及资源的利用率，对装备制造业发展产生积极的促进作用。

面向特色专业型的工业物联网平台

工业物联网涵盖了IT、工业、制造等诸多领域的行业知识，但能够全面掌握这些知识的人才少之又少。只有对行业进行深入探索和研究，熟练掌握行业的技术诀窍，才能满足客户的需求，帮助客户从根源上解决问题。为此，企业必须以解决行业中的痛点和难点为起点进行模式革新和技术提高，结合产业的实际需求生成推广价值比较高且针对特定场景的行业系统改革计划。

2016年5月，蘑菇物联技术（深圳）有限公司成立，该公司致力于工厂公辅车间（水、电、气、冷、热的供应车间）云智控管理系统的研发，以人工智能计算和物联网技术为支撑，实现公辅车间中智能高效的数据采集、分析、决策、控制，借助数字技术辅助工厂精准匹配供需关系，为工业设备产业链创造“省电、省人、提质”的可测量的价值。

云智控系统在节能降耗方面作用显著，能够借助智能决策和整站监测的方式为工厂动力车间减少5%~30%的能耗成本。空压站能够全天候进行维保提醒、故障预警、设备数据监测和AI算法控制空压机启停等工作，在提高压缩空气的稳定性、站房管理水平和气体质量的同时降低成本。由于难以实现产品通用化，工业物联网也难以落地使用。蘑菇物联从通用设备入手，根据车间节能降耗和设备运维等对各个场景进行细分，推出极易被客户广泛接受且具有统一标准的软硬件产品。

工业物联网平台将围绕特色领域进行推广使用，在传统产业中全方位地发挥作用，提升解决方案的质量和行业资源配置效率，加快对工业物联网新经济、新模式、新业态的建设速度，辅助行业企业实现创新发展。

面向网络化协同制造的工业物联网平台

早在十几年前，协同制造就已经有明确的概念并在航空、汽车等行业的企业中得到广泛应用。但随着互联网、物联网、大数据、云计算等新一代信息技术不断发展，网络化协同制造有了更丰富的内涵和应用。企业可以利用大数据、物联网和工业云平台发展现代化制造经营新模式，即跨企业合作进行产品研发、设计、制造等，实现研发和供应链的协同以及众包设计，从而更加充分地利用资源，不再受边界束缚，快速转向产业协同模式，大幅提高产业整体竞争力。

例如，企业可以借助可运行于多种边缘设备的智能边缘平台和能“双跨”（跨行业、跨领域）的浪潮云洲工业互联网平台实现企业内部和企业间的网络协同制造。企业通过紧抓设计数据和加强项目管控，实现对产品设计、物料采购、协作生产、产品生产等关键业务的管控一体化，在业务模式上采用“边设计、边采购、边生产”的模式，以此实现业务协同；将设备全面接入边缘层，实现安全、高效、实时地访问工业数据，借助云平台实时订阅数据、分发数据可以构建端云一体化协同系统；利用云化部署，实现供应链协同，使从企业内的各个工厂、部门到企业外的各个合作伙伴，都能共享信息；借助大数据分析平台对全量工业大数据进行分析与建模，在数据上有效支撑企业的运营决策。中铁工业与浪潮共同建立了产品设计各环节可以实现高效联动的新型网络协同制造平台，可以不再受地域因素的限制，促使多个部门协同管理联合制造、数字化物流等环节，从而压缩5%~10%的产品交付周期和3%~5%的综合成本。

第五章
智慧金融：数字时代的金融科技

01 智能支付：数字化支付新体验

近几年，金融服务业数字化转型进程日渐加快，对提高金融机构的市场竞争力，增强我国综合国力产生了积极影响。得益于大数据、云计算、区块链、人工智能等技术在金融业的发展与应用，金融科技应运而生。

2018年1月20日，金融科技创新联盟、百度金融、Accenture（埃森哲）在京联合发布《与AI共进，智胜未来——智能金融联合报告》，从发展理念、方法论、技术与业务结合等方面对智能金融的发展策略进行深度解读。

该报告指出，智能金融是一种人工智能等新技术和金融服务深度融合的产物，是基于海量多元数据、性能不断提升的计算模型，可以精准洞察并满足客户的金融需求，以客户为中心，对金融价值链和金融生态进行重塑。

支付是直面消费者的环节，对企业盈利有直接影响。支付场景是率先进行智能金融探索的领域之一。在智能技术日趋成熟的背景下，人类社会将进入“万物皆载体”的支付新时代。人脸识别、指纹识别等生物特征识别支付技术的出现，为精简支付流程、提高支付体验和安全性带来了巨大的推动力。目前主流的生物特征识别支付技术及代表企业如表5-1所示。

表 5-1　四种典型的生物特征识别支付技术及代表企业

支付技术	代表企业
人脸识别	Face++、腾讯优图、Uniqul
虹膜识别	Iridian、Jiris、中科虹霸
声纹识别	科大讯飞、百度语音、Speakln
指纹识别	Authen Tech、贝尔赛克、FPC

区块链和人工智能技术的融合应用，让方便快捷、高效安全的跨境支付有了落地的可能，可以大幅减少人工参与，弱化中介机构的功能，对交易状态进行实时监测和记录，从而保障交易安全，提高资金的流动性。

随着消费场景不断创新、消费数据呈现出指数级增长，扫码支付、NFC近场支付、手环支付等现有的数字化支付手段难以满足实际需要，基于生物识别（包括人脸识别、指纹识别、声纹识别、虹膜识别等）技术的智能支付迎来快速发展期。阿里巴巴、百度等技术服务商为客户开发了多种智能支付场景解决方案，在促进企业经营效率提升的同时，也能降低消费者购物时间成本，保障支付安全。

智能支付是完成线上与线下交易闭环的重要组成部分。在智能终端、物联网、数据中心等基础设施的支持下，商家可以将场景服务、会员权益、结算支付等多种功能以多元化的方式向消费者展示。与此同时，后台系统会自动将消费行为数据、支付数据等存储到数据中心，为商家的账目核对、经营数据分析、用户精准营销、商业决策等提供强有力的支持。

未来，停车收费、休闲娱乐等生活消费场景将借助无感支付等新型技术，为消费者创造无停顿、无操作的全新支付体验，切实满足人们对美好生活的诉求。

02　智能投资：AI基金量化交易

人工智能在投资领域的应用已经有多年的历史。特别是人工神经网络在投资领域的应用更是为业内人士所重视，能够有效应对金融市场的不确定性，挖掘数据间的非线性关系，利用新数据不断地对模型进行优化与完善，从而灵活应对外界变化。

美国注册投资公司的资产管理规模连续多年居全球首位，有着全球规模最大、发展最全面的基金市场，其对人工智能应用情况的分析，对推进人工智能在投资领域的应用具有良好的指导作用。

和传统量化投资基金相比，人工智能基金可以有效避免人为操作失误造成的损失，可以在极短的时间内处理海量数据，并对模型关键参数及模型进行优化，让投资者长期获利。

由YC孵化器孵化的金融科技创业公司Pit.AI，可以利用人工智能技术为客户提供对冲基金交易解决方案，致力于推进对冲基金从以人为主导转变为以机器为主导。在对冲基金行业，人力成本是企业最大的支出成本，通过用机器取代人工，可以大幅提高企业的盈利能力。

投资人只需要将一定比例的盈利支付给Pit.AI即可，不用支付基金管理费用。而且只有在基金为投资人创造的收益满足一定要求时，Pit.AI才会要求和投资人分享利润（通常收取盈利的30%）。未来，Pit.AI将推出弹性收费制度，当基金收益较低时，Pit.AI收取较低费用甚至不收费；当基金收益较高时，Pit.AI收取更高比例的费用。

传统基金管理公司通常会招募大量交易员，并开发多种交易算法辅助交易员进行交易决策，但这种运营模式对交易风险控制较为不利。因为传统量化交易方案的最大弊端在于，其使用的模型是遵循特定条件的静态模型，很难适应动态变化的市场环境和客户需求，交易员使用的交易算法存在较高的相似度，交易策略往往出现同质化问题，难以产生分散风险的效果。

而智能量化交易是通过海量数据资源（包括财务数据、市场数据、交易数据等）建立模型，提取关键特征，利用回归分析等算法设计交易方案。智能量化交易方案利用数据对机器学习算法模型进行训练，持续对其进行优化，显著提高交易决策的灵活性、适应性，以降低风险。

Pit.AI基于机器学习算法进行基金管理为解决这些问题提供了有效思路，一方面，Pit.AI使用的机器学习算法会持续进行，不断寻找更优的交易方案；另一方面，Pit.AI使用的机器学习算法引入了随机性，这使算法更加多元化，有助于为投资人制定科学的投资组合策略，实现风险分散。

AI基金利用人工智能、大数据等技术收集已经经过认证、与客户具有较高关联性的实时数据，可以让金融机构分析客户场景化的实时投资需求，为客户提供个性化的投资建议，对推动基金公司提升经营水平、进行成本优化、拓宽利润来源具有重要价值。

由于缺乏专业知识、信息不对称等，基金经理在传统基金管理中拥有极高的话语权，无法满足投资者个性化、多元化的投资需求。而通过应用机器学习等AI技术，基金经理可以根据客户的个性化需求进行调仓换股。当然，如何在满足客户个性化需求与保障投资收益之间达成某种平衡，是金融科技公司必须解决的重要问题。

目前，AI基金行业仍处在初级发展阶段，在实践中，投资机构更多的是采用AI系统和基金经理相结合的基金管理模式，利用海量数据对AI系统进行持续训练，以便为基金经理决策提供有效指导。

日本某AI对冲基金曾成功预测英国脱欧公投，并出售了相关的股指期货，在日本股票整体低迷的背景下，获得了非常可观的投资收益。而且AI基金具备自主学习能力，随着数据资源不断积累，其分析预测能力将逐步提升，对投资者规避风险、提高收益非常有利。

03　智能信贷：全链路数字化升级

基于人工智能的信贷决策是利用人工智能、大数据等技术建立信用评估模型，结合知识图谱为客户建立用户画像，帮助信贷审批人员对客户还款能力、还款意愿、违约概率等进行评估，提高信贷决策效率与科学性。

个人信贷：全链条智能化

在传统个人信用风险评估过程中，通常需要使用个人信用评级法（FICO）[①]。该方法会为客户评估FICO信用分（评分范围为325～900），重点考虑五大指标，如表5-2所示。

表5-2　个人信用评级法FICO需考虑的五大指标

需考虑的指标	在总评分中的占比（%）
偿还历史记录	35
信贷欠款额度	30
信贷历史年限	15
新设信用账户	10
正在使用的信用类型	10

不难发现，这种评分方式对客户信用历史有较高的依赖性，引发了两大问题：其一，不能对信用记录缺失的年轻人、移民等群体进行信用评分；其二，评分精准性不足，比如某客户因为股市动荡失去房产，但其名下仍有高档轿车，该客户具备足够的还款能力，但使用FICO对客户信用进行评估时，会给客户较低的评分。此外，FICO数据存在一定滞后性，评分较高的客户也会出现逾期问题，对金融机构的风险控制较为不利。

因此，近几年，大部分金融机构开始弱化FICO分数在客户信用评分中的作用，更倾向于自主收集客户的相关数据，并利用经过多次优化的模型为客户评分。部分金融机构甚至已经放弃使用FICO。

将人工智能应用到个人信用风险评估领域后，金融机构可以借助机

① FICO是SAP中的财务模块，FI（finance）模块是外部会计，CO（controlling）模块包括利润及成本中心、产品成本、项目会计、获利分析等，在企业内部应用广泛。

器学习算法对用户信用画像进行优化完善。麻省理工学院曾发布的一篇论文中指出，和传统利用信用局的数据为消费者进行信用评分相比，利用分类和回归决策树算法处理消费者信用历史数据和消费类数据为消费者评分，能较为精准地识别出信用差和信用良好的消费者，但后者可以对那些信用评分中等的消费者行为进行预测。

以应用深度学习技术进行信用评估为例，此前，那些被工作人员忽略的“无关信息”（如消费者在App中的行为、近期活动记录等），会在深度学习技术的支持下，变成有利于金融机构对消费者还款能力、还款意愿等关键指标进行评估的重要变量。

美国网贷平台Upgrade已经将人工智能技术应用于客户信用评估领域，其评估模型可以将客户地理位置数据和宏观经济状况、市场因素相结合，提高客户分析的精准性，还可以通过收集客户在互联网平台的行为记录信息，获得客户的自由现金流、支付习惯、逾期金额、逾期时长等。

与Upgrade类似，金融科技公司Random Forest Capital也将人工智能技术应用到了客户信用评估领域。Random Forest Capital指出，现行债券承销模式成本高昂、效率低下，难以做到对风险的有效管理，而该公司利用机器学习算法对债券进行定价，有效提高债券销售效率和精准性，及时识别潜在风险，让投资人和借款人都能获益。不过，美国现行法律法规对个人数据和隐私保护非常重视，对金融机构应用人工智能评估客户信用造成了一定的阻碍。

为不同需求的客户提供差异化的定制金融产品和服务，让客户的个性化需求得到充分满足，是金融机构转型的重要目标。拥有智能获客、验证/反欺诈、大数据风控等诸多环节的全链条智能化能力，是个人信贷机构实现智能化转型的重要标志。

以银行信贷业务为例，银行机构可以利用大数据、云计算、人工智能等技术从海量数据中挖掘高价值数据，明确借款人和其他实体之间的关联，加强贷前、贷中、贷后风险识别能力。下面以贷前环节为例，简单了解一下智能风控的运作模式。

（1）反欺诈。

团伙欺诈是信贷业务面临的一大痛点。近几年，团伙欺诈事件时有发生。高科技技术的应用提高了诈骗团队的反侦察能力，而且诈骗团队内部分工越发精细，给银行的贷前反欺诈带来诸多困扰。银行利用大量欺诈事件数据对机器学习算法进行训练，从中总结欺诈事件特征、诈骗团队异常行为等，结合地理位置、活跃时间等信息，便可以对潜在欺诈风险进行识别与评估，提高银行的反欺诈能力。

在以AI为核心驱动力的智能风控环境下，可供银行使用的反欺诈手段越发多元化。例如，银行可以利用生物识别、复杂网络等技术，建立立体化、多层次的反欺诈体系，提高自身的反欺诈能力。再如，基于AI的征信反欺诈应用，利用知识图谱、深度学习等技术对各个渠道（包括合伙伙伴、下游企业、竞争对手、企业内部经营等）获得的大数据进行整合，发现客户征信数据中不一致的信息，帮助金融机构快速了解潜在风险。

（2）信息核验。

在客户信息核验环节，银行需要明确客户身份信息的真实性、有效性，评估其还款能力和还款意愿。网络信贷业务的快速发展，对银行的批量化处理能力提出了更高的要求。显然，银行通过传统人工方式进行客户信息核验已经无法满足实际需要。

而智能信审的出现有望彻底解决这一问题。智能信审可以通过让申请者填写调查问卷来获取信息，并根据调查问卷的结果二次确认申请者身份，快速确定申请者提交信息和分析信息之间的偏差。系统根据申请人提交的信息和数据库中的信息进行交叉验证，生成智能信审问卷。申请者回答完一个问题后，根据其答案自动生成下一个问题。最终，系统会得出一份完善的客户信息核验报告，为审核人员提供有效指导。

（3）信用评估。

客户信用评分将直接影响银行信贷产品额度和利率是否合理、坏账率是否在可控范围等。因此，做好贷前信用评估对银行开展信贷业务非常关键。

在贷前信用评估环节，智能系统将综合考量个人客户授信限额、其他平台债务占用、现有债务占用等因素，来确定客户可用授信额度。其中，个人客户授信限额由借贷策略和评分模型综合得出；其他平台债务占用则根据系统定期向第三方平台采集的各种征信报告确定；现有债务占用则根据客户在行内的长期消费类授信、短期消费类授信、信用卡透支额度等多种已占用额度来确定。如果客户申请授信额度超出最终得出的客户可用授信额度，智能系统将自动驳回客户申请；反之，则进入审批流程。

企业信贷

贸易融资、企业信用贷款、供应链金融等对公信贷业务是体现金融科技价值创造能力的重要场景，其作用可以概括为降低放贷机构单据确权难度、完善企业信用体系、补充企业经营信息等。

对大数据、物联网、人工智能等多种技术实现了集成应用的智能信用评估系统，可以通过分析客户的交易数据、社交数据、行为数据等多元数据，助力金融机构建立立体化的信用评估体系，并对客户信用进行自动评估。

这对那些缺乏信用记录的年轻群体有重要影响，年轻群体对小额贷款有旺盛需求，然而由于缺乏信用记录，这些年轻群体很难从正规渠道获得贷款，而使用智能信用评估系统可以有效解决这一问题。目前，国内已经出现多家应用人工智能技术建立全新信用评估体系，来为普通大众提供小额贷款服务的金融企业。

数字金融能够打破金融机构和目标客户之间的信息壁垒，使小微企业也能从正规渠道方便快捷地获得融资。金融行业大数据来源广泛、类型多元，企业信贷机构在采集数据的过程中需要对数据进行验证，确保数据的真实性、准确性。同时，企业信贷机构可以通过互联网渠道快速获得真实、有效的企业经营状况信息，为申贷企业确立合理的信用评分、贷款额度等。表5-3对企业信贷传统风险评估要素与大数据风险评估要素进行了对比分析。

表5-3 企业信贷传统风险评估要素 VS 大数据风险评估要素

		传统风险评估要素	大数据风险评估要素
描述类信息	基本信息	证件信息、工商信息、税务信息、荣誉信息、存贷款余额	无
	财务信息	报表信息、审计信息、债务/债权信息、上市信息、资产信息、近3年利润排名	近3年利润排名

续表

		传统风险评估要素	大数据风险评估要素
行为类信息	经营信息	产品信息、业务流水凭证、市场信息	市场信息、网络营销信息
	历史联络信息	业务咨询、投诉建议、履约历史	业务咨询、投诉建议、履约历史
	评价信息	资本增长率	资本增长率、企业发展前景得分、领导者素质得分、行业发展状况、主要产品寿命周期得分、搜索频度、UGC语义倾向、社交媒体信息
	风险信息	内部风险评级信息	外部征信报告、监管信息、额度信息、反欺诈信息、黑名单信息、预警信息
关联类信息	业务往来信息	合约信息、账户信息	合约信息、账户信息、上游供应商信息、渠道分销商信息
	关系族谱	无	关键联络人、高管、外部企业关联情况、外部自然人关联情况、外部集团关联情况、外部监管部门关联情况、周边活跃用户数、法人互联网行为特征

04　智能投研：制定精准的投资决策

毕马威发布的《未来财富管理：全球及中国行业趋势及展望》显示，中国财富管理行业市场规模更具增长潜力。高盛研究报告显示，截至2020年，中国居民个人可投资资产总规模达31万亿美元，2021—2025年有望继续保持两位数的增长速度，到2025年中国居民可投资资产总规模将达到50万亿美元。而且随着我国经济稳步发展，这一数字仍将保持稳定增长。庞大的财富管理市场体量，以及日益多元化的需求，给投资研究、资产管理等金融服务带来了较大的挑战。

数据分析与挖掘能力不足是传统金融业面临的一大痛点。杂乱、无序、类型多元化的海量数据背后，隐藏着一定的联系和规律，金融机构的主要任务就是找到并利用它们，以更好地规避风险，为客户及自身创造更多价值。人工智能、大数据等技术的崛起，为金融机构提供了强大的数据分析和挖掘能力，使金融机构可以充分释放数据资源的潜在价值。

金融业是率先开启信息化转型的产业之一，可以利用的数据资源异常丰富。而且能够为金融业创造价值的数据资源并不仅限于金融数据，还包括社交数据、交通数据、电商数据等多种类型的数据。纵观金融业的发展历程，即便很小的技术创新也能使金融业的产值大幅提升。而人工智能是前沿科技，未来会成为类似水和电一般的基础设施，对金融业产值的提升更是我们难以想象的。

人工智能已经在金融行业的多个领域得到应用，智能投研就是典型代表。智能投研利用深度学习、自然语言处理等技术，对信息进行自动化收集、处理和分析，为分析师、投资人、基金经理等提供投研决策支持，提高其工作效率，降低投资风险。

此外，由于传统人工投研很难避免人为主观因素的影响，可能会因为一些人为因素造成资产损失，引发滥用职权牟取私利等问题。而智能投研是由以机器学习算法为基础建立的智能系统为主导，具有较强的客观性、稳定性，可以7×24小时工作，成本较低。

传统人工投研需要人工收集大量数据，具体包括数据收集、数据提取、数据分析、结果输出等多个步骤，这些步骤都可以交给智能系统完成，而且在数据收集广度、数据处理效率等方面，智能系统的表现要优于人类。

此外，传统人工投研面临着“信息孤岛”问题，由于时间和精力有限，投研团队在收集数据（包括金融机构自身积累的数据、上下游企业的数据、竞争对手数据、跨行业数据等）时，无法保障数据的全面性。同时，受投研团队人员流动等因素的影响，传统人工投研提供的投研报告质量缺乏稳定性。

而智能投研系统在数据收集、存储、计算等方面有极佳表现，可以在短时间内整合大量内外部数据，通过分析计算生成投研报告，为用户提供个性化的投研解决方案。

智能投研借助海量行业大数据、完善的智能算法，通过智能机器人自动实施投资数据收集与处理、量化分析、撰写报告、风险提示等，为投资人、基金经理、金融分析师等相关从业者的投资研究提供指导与帮助。可以说，数据是智能投研实现的基础，逻辑（相关性）是决定投研结果的关键。为了开展智能投研，相关机构首先要实现数据资源整合与存储的标准化，然后在此基础上进行数据处理和分析。

智能投研能够建立研究报告知识图谱体系，有效拓展信息来源，促进知识提取和分析效率不断提升，在信息搜索、文本报告、资产管理等垂直领域创造巨大的价值。未来，随着智能投研日趋成熟，金融机构将实现从信息收集到报告产出的投研全流程一体化管理，并在成熟完善的智能算法的支持下，建立覆盖全行业的研究体系，助力金融产品创新。

第六章
智慧零售：全渠道数字化零售运营

01 实体零售店铺的考核标准问题

在全渠道运营模式下，零售商在计算不同渠道的销售收益时往往存在偏差，要对店铺的净销售额进行精准评估并不容易。在传统模式下，零售商会根据店铺的销售额制定发展策略，但当企业实施全渠道运营模式后，仍然使用传统方法的经营者很难对店铺的发展情况及总体价值进行衡量。

举例来说，零售商仅凭对门店客流量与单点销售额的分析，无法对门店的获客方式进行有效推测，也无法调整店铺的商品陈列方式，提高对进店顾客的吸引力，最终达到产品销售的目的。

对于零售商而言，传统的衡量标准能够为其战略制定提供重要参考，然而，企业对全渠道模式的实践仍然处在摸索阶段。为了获取企业发展所需的消费者信息，零售商应该对传统标准进行改革，运用新的绩效考核体系（KPI）对自身发展情况及消费者行为做出清晰把握。

以店铺交易情况及客流量为中心的考核标准包括平均交易额、净销售额、顾客转化率、平均零售价格等，是店铺在传统模式下使用的价值评估方式。但这些标准无法对实体店铺的运营情况进行全面衡量。在全渠道零售背景下，线上渠道与线下渠道的运营融为一体，店铺的价值也不同以往。

在全渠道生态体系中，店铺发挥着重要的节点作用。企业通过店铺将商品提供给消费者，还能通过店铺拉近品牌与消费者之间的距离，在店中进行产品展示，并为网上下单的消费者提供产品包装与退换货服务，还能对消费者的意见进行统计，反映给总部等。

通常情况下，零售商在开拓线下市场的过程中，随着实体店的开设，当地的电商业务也会呈现出良好的发展态势。原因在于，实体店的建立为消费者提供了更多的体验机会。然而使用传统衡量标准的企业，则无法对其线上运营的变化情况进行有效评估。

在全渠道运营模式下，店铺的净销售额受到许多因素的影响，给经营者的评估工作带来挑战。这是由于零售商难以对不同渠道的销售情况进行数据统计。举例来说，在线上下单的消费者如果对产品不满意，可以到实体店退货，而店铺需要从自己的销售额中扣除这部分产品，对店铺最终的净销售额造成影响。除此之外，店铺还要承担退货成本，这也会影响最终的净销售额。如果考虑店铺因为处理退货而耽误其他销售活动的开展，降低与顾客沟通的效率，其评估工作需要考虑的因素就变得更加复杂。

另外，以转化率、平均交易金额、客流量等为标准进行的评估也无法反映各个渠道的实际运营情况。在全渠道运营模式下，消费者可以通过不同渠道完成整个购物过程，根据自身需求对各个渠道进行组合。仅以交易额为标准，则意味着企业只看到了消费者最终下单的渠道所发挥的价值，而其他渠道为达到销售目的所采取的营销措施、发挥的推广作用都会被忽略。

以转化率为标准来衡量移动端价值的方式也失之偏颇：很多零售企业存在移动端转化率难以提升的问题，导致这一问题的主要原因在于很多消费者都习惯使用手机搜索周边的实体店与店铺联系方式，很少直接在移动端下单，导致该渠道的转化率长期维持在较低水平。

店铺的开设及运营能够带动其他渠道业务的发展。在全渠道运营模式下，零售商要对传统的价值评估方式进行改革。举例来说，零售行业曾经尝试通过移动端促进交易量的提升。经过实践企业逐渐认识到，移动端在顾客关系维护、扩大活动覆盖面、提升用户整体购物体验方面能够发挥更大的价值。

另外，如果企业只将购物量作为评估标准，也很难对店铺的整体运营情况做出科学评估。店铺成功吸引消费者进店后，除了能够促进店内产品的销售，还会将消费者引导到线上渠道。如果零售企业固守传统评估方式，会忽略部分渠道为企业整体发展做出的贡献，导致企业无法为渠道运营提供足够的资金支持。针对这种情况，零售企业应该改变传统的思维模式，注重对员工积极性的调动，让他们在与顾客沟通互动的过程中开展有针对性的营销活动，最终达到产品销售的目的。

同样，只通过销售额来衡量员工的工作价值，也难以实现对员工的合理配置。在传统模式下，员工的任务仅限于店内产品的营销。在全渠道运营模式下，销售人员的工作价值既体现在为顾客讲解产品的详细内容、为顾客的产品使用提供指导方面，也体现在为消费者推荐线上渠道等方面。而无论消费者最终在哪个渠道下单，员工都要为其提供服务，并为此投入时间与精力。

零售企业经营者还要认识到，员工处理线上订单、打包产品、处理退换货等业务都需要消耗时间，这样一来与进店顾客互动的时间就会减少。另外，部分零售企业在开展线上运营后，会将重心从线下转移到线上，对实体店进行裁员，导致店铺的服务水平下降，无法为消费者提供优质的购物体验。如果店铺仍然将客流量与人工费用在销售收益中的占比作为衡量员工工作价值的主要标准，忽视员工在服务提供与线上导流方面的作用，就可能导致企业为节约人工费用而裁员。

为了提升消费者的购物体验，零售企业应该对实体店及员工的价值进行科学合理的评估，调动员工参与线上业务处理的积极性，并制定相应的激励政策，促使员工认真对待自己的工作。

02　构建新型绩效考核体系

零售企业不仅要改革传统的渠道价值衡量标准，还要对传统的绩效考核体系进行改革，促进品牌在各个渠道的运营。在这种情况下，零售企业需要综合考虑实体店与网络渠道的运营情况，在制定绩效标准时把促进产品销售与优化用户体验的各类积极因素都考虑在内，此外还要对传统的员工价值评估标准进行改革。

具体来看，要建立新型绩效考核体系，零售企业需要从以下三个方面着手。

综合评估各个渠道的价值

在全渠道运营模式下，零售企业要对各个渠道的运营情况进行综合评估，避免不同渠道之间的割裂。从消费者的角度来看，他们希望能够在不同渠道之间自由切换，这就要求零售企业将实体店、网上商城、移动端等各个渠道的运营结合起来，实施统一管理。

企业在实施全渠道运营模式的过程中，需要发挥不同渠道之间的协同作用，满足消费者的多元化需求。而渠道间相互独立的绩效评估体系给渠道融合发展带来了阻力，增加了企业实施全渠道运营的难度。为此，零售企业在进行绩效评估时，要将实体店铺处理线上业务的价值贡献考虑在内。

改革传统的劳动力考核标准

企业想要对员工的工作价值进行科学评估，就要重视销售人员与门店顾客之间的沟通互动，改革传统模式下将平均交易金额、用户转化率、客流量等因素作为主要衡量标准的绩效考核方式，将其他能够促进顾客购物的因素考虑在内，具体包括员工与顾客之间的互动、品牌信息介绍、产品试用体验等。例如，零售连锁店应该对员工向顾客推荐的商品数量以及最终营销结果进行评估。

通过改革传统的绩效考核指标，零售企业能够将更多有利于品牌发展的因素考虑在内，并在推进全渠道运营的基础上为用户消费提供更多便利，进而促进企业的品牌建设，提高整体的转化率，减少企业在全渠道运营过程中的阻力，促使各个渠道实现融合发展。

改革传统的门店人员安排

在门店员工安排方面，零售企业需要改革传统的人员配置方式，促进员工优势力量的发挥，增进员工与消费者之间的互动，提高消费者对店铺的认可度，并综合考虑能够推动其他渠道业务发展的各项活动。具体活动形式包括为线上下单的消费者发货、提供退换货服务、向消费者介绍线上渠道丰富的产品等。

当零售企业实现线上、线下渠道运营的无缝对接，就能通过实体店将网络平台的优势发挥出来，与此同时，门店员工的工作量也会增加。举例来说，员工可以应用先进的智能工具，有针对性地为消费者推荐商品和服务，通过技术手段提高转化率，促进实体店发展，提升整体业绩。

随着全渠道运营的开展，零售企业在进行员工安排时，需要摒弃传统的价值评估方式，积极促进员工与消费者之间的个性化互动，并将其纳入绩效考核，还要发挥先进技术的支持作用。零售企业要根据新时代的要求，对原有绩效考核体系进行调整，在这个过程中，要做好标准制定、出台相应的激励机制，并对不合理的内容进行改革。

部分零售企业在绩效考核体系改革方面进行了尝试，例如有的服装零售企业在计算实体店的业绩时，会将当地各个渠道的销售都归为该店铺的功劳，不做具体的渠道区分。为了实现线上渠道与线下渠道运营的统一，有的门店为每个员工配置了智能移动设备，方便他们为进店顾客推荐线上渠道的商品，促进线上业务的发展。

综上所述，零售企业在开展全渠道运营的过程中，需要充分认识到实体店的重要价值，通过店铺运营为线上渠道导流，满足消费者的体验需求，提升其整体购物体验。为此，零售企业需要将所有可能影响产品销售与企业整体发展的积极因素都考虑在内。

03　日本全渠道零售的发展历程

据调查，日本居民对网络购物的接受度比较差，有网络购物意愿的居民只占20%，78%的居民在网上下单之前都要去实体店确认。另外，日本的电子商务、O2O、全渠道零售出现的时间都不长，电子商务的规模也比较小。

至于全渠道零售、O2O等新型零售模式，2011年才出现在日本的零售市场上，与电商的发展、通信技术的进步、智能手机的普及交相呼应。

官方统计资料显示，2000年，日本网上零售业开始发展，彼时，日本互联网的普及率只有30%，3年后，日本互联网的普及率达到了83%，互联网发展速度非常快。

初期，日本零售企业只将电子商务视为实体零售模式的补充，网上商店、实体零售店相互独立，由此，同一零售企业的实体店与电商部门之间出现了竞合现象。

2004年，宝洁公司提出“FMOT”（Frist Moment of Truth），意思是消费者第一眼看到货架上的商品时需要3～7秒的时间做出最终的购物决策。但当时，日本零售行业还没有出现实体店与网店融合现象，O2O概念也还没有出现，顾客只能在实体店与网店之间做出取舍。

2006年，日本出现了O2O概念的萌芽。之后，日本实体零售商开始将网店与实体商店放在一起，以期使企业内部商品实现统一管理。但当时，顾客管理、供应链管理都还没有实现线上、线下融合。这样一来，即便实体零售商同时经营着线上业务与线下业务，也无法将其融合在一起进行管理。需要注意的是，2006年，部分零售商已经具备了O2O理念，并开始尝试践行这一理念。

2008年，iPhone手机在日本发售，智能手机开始在日本流行。在智能手机的带动下，信息传输技术进入快速发展阶段。但iPhone手机的出现对日本本土的信息技术造成了一定的冲击，导致一些技术被淘汰。2008年9月15日，一场全球性的金融危机从美国蔓延开来，日本整个零售业都受到了严重影响。

2010年，美国TrialPay的CEO Alex Rampell提出O2O概念，提出引导线上顾客前往线下实体店消费，也就是从线上向线下引流。

2011年，全美零售商联盟（National Retail Federation，NRF）提出全渠道零售，其目的是配合移动零售发展。同年，谷歌提出“ZMOT”模式，也就是零点接触营销术，意思是零售商在消费者真正接触到商品之前向其开展营销活动，向消费者传播产品信息，对其消费意向产生正面影响。此时，日本零售商开始考虑推行O2O模式、全渠道营销，考虑对线上、线下进行融合管理。

不幸的是，这一年日本发生了大地震和核泄漏事件，供应链遭到了严重破坏，日本零售业受到了巨大冲击。在此形势下，2012年，日本IT厂商和零售商开始加倍重视营销活动。

2011—2012年，日本全渠道零售技术进入全面研发阶段。2013年，部分产品上市。也就是说，日本只用了2年时间就完成了产品研发与上市的全过程。据统计，2012年，日本有一半的居民成为智能手机用户，零售企业开始全面推进全渠道营销。

04　日本全渠道零售模式实践与启示

从整体来看，虽然相较于美国而言，日本的O2O、全渠道起步较晚，但从2013年2月开始，在IT厂商和零售商的共同努力下，日本的O2O、全渠道营销开始迅速发展。虽然全渠道零售在日本出现的时间比较短，但已经出现了一批先进企业，涌现出不同的O2O模式，如图6-1所示。

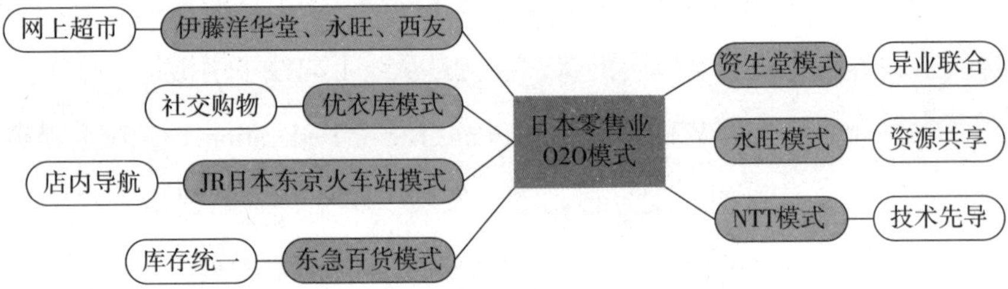

图6-1　日本全渠道零售的运营模式

日本全渠道零售的运营模式

（1）资生堂模式：异业联合。

资生堂旗下的连锁店数量众多，直营店占比超过了90%。从2012年开始，资生堂开始涉足O2O业务，其O2O模式最大的特点是不仅经营线上业务，还通过异业合作进行线上销售，以实现相互导流，因为仅凭一家网店很难吸引到太多流量。除此之外，资生堂还在线上为顾客提供美容咨询、在家美容检测等服务，推出了网店直营、实体店导航等业务，与顾客互动，最终推动O2O模式落地实施。

（2）永旺模式：资源共享。

软银集团是一家综合性风险投资公司，投资了很多企业，如雅虎、永旺株式会社等。因为都接受了软银的投资，凭借这种资本联系，永旺与雅虎合作创造了一种O2O模式。永旺通过雅虎网站发放优惠券，领取到优惠券的顾客可以在永旺实体店扫描使用。这种“永旺+雅虎”模式最大的特点是永旺可以借此收集很多顾客数据，通过雅虎将线上顾客引流到线下实体门店，实现顾客资源共享。

（3）NTT模式：技术先导。

作为日本最大的电信运营商，NTT利用全球定位系统（GPS）技术将“顾客诱导”与“商品登记签到”整合在一起。顾客在商店看中一款商品，可以使用手机对商品进行扫描，获得商品积分。即便顾客这次没有购买，等下次购买时仍然可以使用该积分。如果顾客离开之后没有回来，零售商可以对顾客扫描商品时留下的信息进行分析，找到顾客没有回来的原因，这个过程就是对顾客的购买行为进行分析的过程。

该模式与永旺模式有很大的不同，该模式只有在顾客真正拿起商品之后才会向顾客发送积分，而永旺模式是先给顾客一定的优惠，无论顾客是否与商品发生了直接联系。

（4）东急百货模式：库存统一。

东急百货以商品信息共享为切入点构建了O2O模式。2012年，东急百货开始致力于打通库存数据。经过几年的努力，东急百货打通了线上商品与库存商品的信息，构建了虚拟库存，将同一业态下的库存数据全面打通，实现了统一管理，并使库存做到了可视化。为了保证库存信息的实时性、精准性，东急百货的库存信息每1.5小时就会更新一次。

（5）JR日本东京火车站模式：店内导航。

JR在日本东京火车站的地下建设了200多家门店，为了找到顾客，吸引这些顾客进店，JR使用GPS对顾客进行定位，然后向其推送优惠券，一旦顾客进入室内就使用AR导航引导顾客前往相应的店铺。目前，JR日本东京火车站模式尚处在试验阶段。

（6）优衣库模式：社交购物。

2012年5月，优衣库成立了社交网站，利用已经购买并使用了商品的顾客对商品的评价引导其他顾客购买。因为这部分顾客的评价的可信度比较高，其他顾客看到这些评价极有可能产生购买意愿。同时，优衣库利用这种方法增进对顾客的了解，从而有针对性地进行产品研发与生产。

优衣库的社交网站不是简单地在公司官网上开辟一个栏目，而是以手机端和PC端为基础创建的独立网站，可以直接、快速地采集顾客意见与建议。

（7）伊藤洋华堂、永旺、西友：网上超市。

前面说到，在日本，70%的顾客希望线上下单、线下取货。为满足消费者的这一需求，伊藤洋华堂、永旺、西友等零售企业都推出了这一业务，这些企业内部已经实现了线上、线下一体化管理。伊藤洋华堂、永旺、西友对门店及配送中心的库存进行统一管理，生鲜产品由线下门店直接派送，常温商品由物流中心统一配送。

日本全渠道零售的实践启示

日本消费者很依赖线下实体店。因为国土面积狭小，城市之间的距离比较近，所以消费者可以非常方便地前往线下实体店购物，即便实体店坐落在另一个城市。所以，在日本的零售市场上，实体店占据着较大的份额。正因如此，在日本，单一地从事线上零售业务的零售商非常少，占比只有20%，60%的零售企业同时经营着线上、线下业务。

通过对日本零售企业全渠道发展实践进行分析可以得到以下几点启示：

（1）商圈的决定者不是零售商，而是顾客。过去，零售商自行构建商圈，在与顾客的关系中，零售商占据着主导地位。而现在，商圈是由消费者构建的，消费者根据自己所处的位置构建商圈，商圈具有移动性。所以，零售店想要在市场竞争中获胜就必须被消费者看到，正是出于这个原因，才会有大批零售商推行O2O模式。

（2）用数据做营销。使用大数据技术对用户行为进行分析，获取用户需求信息之后再开展精准营销。在此列举一个案例。

在没有进行数据分析之前，日本零售商只知道有很多男士购买口红，并不知道这些男士购买口红是自己使用，还是送给女性。但通过数据分析发现，在这些购买口红的男性顾客中，有一部分购买口红是自己使用。零售商通过数据分析发现这个市场之后专门开辟了一条男士口红研发生产线。如果没有数据分析，这一市场很难被发现。

总而言之，在未来的零售行业，大数据分析至关重要。过去，有些企业积累了大量数据，但不知如何将这些数据的作用发挥出来，所以迟迟没有成功。将来，企业不仅要积累数据，还要根据自己的需要分析数据，否则即便有了充足的数据，也很难让这些数据为自己服务。

第三部分

数字社会篇

第七章
智慧城市：基于数字孪生的城市治理

01 数字孪生城市的特征与内涵

“数字孪生城市”这一概念在我国首次被提及是在2017年。2019年11月底，雄安智慧城市建设与物理城市建设项目同时启动，致力于为智慧城市建设打造“一个中心、四个平台”基础设施体系，为雄安新区数字孪生城市建设打造一个坚实的数据基底。除雄安新区外，北京通州副中心、南京江北新区、重庆两江、贵州贵阳等地区也开始推进数字孪生城市建设，在全国掀起了数字孪生城市建设热潮，形成了很多数字孪生城市建设方案与模式。

目前，我国数字孪生城市建设刚刚起步，虽然一些城市的数字孪生城市建设在数据共享、政务云化等领域取得了一些成绩，但从整体来看，数字孪生城市建设仍处在信息化建设的初期，城市一体化运行管理的技术架构和业务架构还没有成形。在这个阶段，虽然数字孪生城市建设积累了一批大数据，但大数据的价值没有得到充分发挥；虽然大家在城市运营领域达成了共识，但缺乏平台抓手。

数字孪生是一个非常复杂的技术体系，涵盖了技术、数据、算法、工具、应用等诸多内容，需要社会各界共同努力，创建一个能力互补的产业合作生态系统，共同探索数字孪生城市建设方案，促使关于数字孪生城市的设想尽快落地，保证数字孪生城市实现健康、可持续发展。

数字孪生城市是在积累了一定规模的数据的基础上，随着感知建模、人工智能等技术取得重大突破，为新型智慧城市建设开辟的一条新的技术路径，是城市智能化、运营可持续化的一种前沿模式，是一个处在实时更新状态的城市级创新平台。

从本质上看，数字孪生城市是一个城市级数据闭环赋能体系，通过对数据进行标识、对城市运行状态进行感知、对各类数据进行实时分析、对决策过程进行模拟，推动决策方案落地执行，对城市进行模拟、监控、诊断、预测和控制，为城市规划、设计、建设、管理、服务整个过程中遇到的各类问题提供有效的解决方案，切实提高城市物质资源、智力资源、信息资源的配置效率，为智慧城市建设与发展提供内在动力。

数字孪生城市以信息技术体系和城市信息空间模型为基础，参照现实城市在网络空间创建一个数字城市，对现实城市的运行状态进行全息模拟、动态监控、实时诊断、精准预测，促使城市中的各个要素实现数字化和虚拟化，将城市运行状态以可视化的方式呈现出来，促使城市运行管理实现协同化、智能化，最终实现物理城市与数字城市的协同交互、平行运转。这里的信息技术体系涵盖的内容非常丰富，具体包括数字化标识、自动化感知、网络化连接、普惠化计算、智能化控制、平台化服务等。

数字孪生城市的特点包括精准映射、虚实交互、软件定义、智能干预，具体如表7-1所示。

表7-1　数字孪生城市的四大特点

特点	具体表现
精准映射	数字孪生城市通过遍布空天、地面、地下、河道等各个领域的传感器，对城市道路、桥梁、建筑、井盖、路灯等基础设施进行数字化建模，对城市运行状态进行动态监控，实时获取城市运行数据，将现实城市的各类信息精准映射到虚拟城市
虚实交互	在数字孪生城市模式下，城市管理者可以在现实的城市空间观察各种痕迹，在虚拟的城市空间搜索各类信息。现实城市的规划、建设以及各类民众活动都可以在虚拟的城市空间得以扩充，最终形成虚实融合、虚实协同的城市发展新模式
软件定义	数字孪生城市参照现实的物理城市创建了一个虚拟的城市模型，利用软件对真实环境下城市中人、事、物的状态和行为进行模拟，利用边缘计算与云端对城市交通信号进行控制，对电热能源进行调度，完善基础设施选址，对重大项目进行周期管理
智能干预	通过对数字孪生城市进行规划设计、模拟仿真，对城市潜在的矛盾冲突与各种危险进行预警，生成可行的对策与方案，站在未来的角度对现实城市的运行进行干预，制定更合理的城市发展规划，改善居民服务供给，提高城市生活的智慧化水平

02　数字孪生城市的架构与功能

以云、网、端为核心构建的技术生态体系是数字孪生城市建设的重要依托。在这个技术生态体系中，云侧主要提供普惠智能计算，大范围、多尺度、长周期、智能化地进行城市决策；网侧主要提供泛在的高速网络，将数据传输时延降至毫秒级，为智能交互奠定良好的基础；端侧主要提供城市全域感知，对城市运行状态进行全面感知、完整呈现。具体来看，智慧城市的总体架构如图7-1所示。

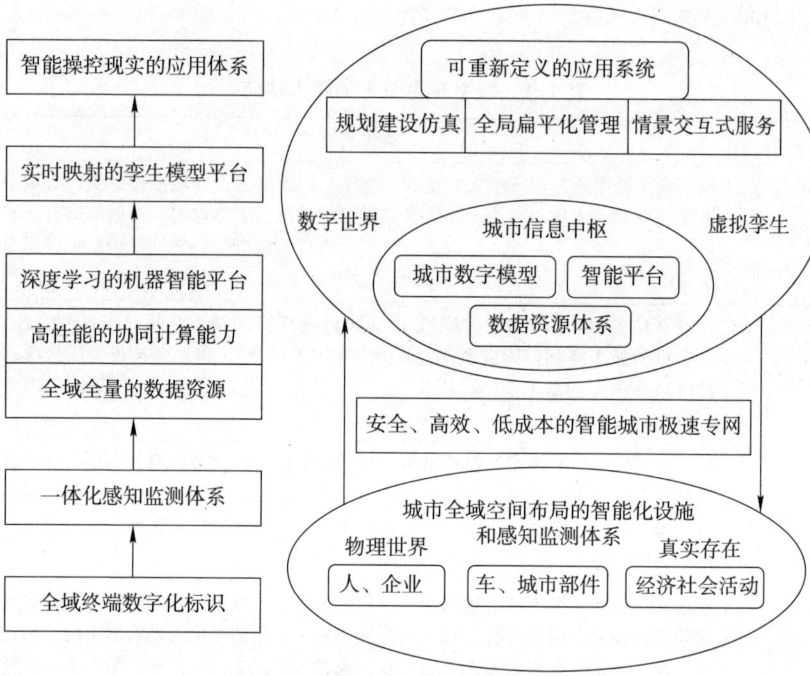

图 7-1　智慧城市总体架构及运行机理

人工智能有三大基本要素，分别是数据、算力和算法，对应到数字孪生城市分别是全域全量的数据资源、高性能的协同计算能力和深度学习的机器智能平台，这三大基本要素构成了数字孪生城市的信息中枢。此外，数字孪生城市以全域终端数字化标识和一体化感知监测体系为基础，利用数字孪生平台控制城市治理、民生服务、产业发展等系统协同运转，让城市实现“全域立体感知、万物可信互联、泛在普惠计算、智能定义一切、数据驱动决策”，最终实现智能化运转。

数字孪生城市的总体架构

具体来看，智慧城市总体架构涵盖七大内容，如表7-2所示。

表 7-2　智慧城市的架构

架构	具体内容
全域终端数字化标识	只有给整个城市空间的各个终端打上数字化标识，才能在数字空间对各个实体的身份做出明确区分，才能实现万物互联，为数字孪生城市的构建奠定良好的基础
一体化感知监测体系	该体系可以将现实世界与虚拟世界连接在一起，实现万物感知、万物互联、万物智能
全域全量的数据资源	全域全量的城市数据为数字孪生城市的构建、深度学习、自我优化提供了丰富的数据资源
高性能的协同计算能力	高性能的协同计算可以提高数字孪生城市构建效率，为深度学习自我优化功能提供算力支持
深度学习的机器智能平台	该平台为数字孪生城市建设提供运行决策，为深度学习自我优化功能提供算法支持
实时映射的孪生模型平台	该平台是构建数字孪生城市的综合信息载体，是城市的展示窗口和决策中心
智能操控现实的应用体系	在数字孪生城市建设过程中，智能操控现实的应用体系扮演着“总控开关”和“指挥中心”的角色

数字孪生城市的主要功能

数字孪生城市从技术与业务两个层面为智慧城市建设明确了路径。

在技术层面，数字孪生城市汇聚了多源数据、算法、技术能力及工具，形成了一个功能强大的中台，为应用场景提供开放赋能服务。平台下层是城市公共数字底座，利用强大的感知、传输、计算、控制、智能化能力重塑城市的数字基因，为城市的智能化运行创造一个良好的环境，为现实城市与虚拟城市的交互与精准映射提供强有力的支持。

在业务层面，数字孪生城市建立“城市大脑”协同平台，将城市管理、生态治理、交通治理、市场监管、应急管理、公共安全等系统连接在一起，遇到重大事件或者特殊场景需求时，借助数字孪生城市模型平台制定全域一体的闭环流程和处置预案，根据具体需求调用各个子系统，促使城市治理实现协同联动。对于城市治理来说，城市大脑是主要载体；对于城市大脑来说，数字孪生城市平台是核心平台，是基于数据驱动的城市治理和城市运营得以实现的必备条件。

03　数字孪生城市的应用场景

以数字孪生技术为依托的智慧城市的构建包括四大内容，分别是智慧城市运营大脑、智能电网数字孪生服务、智慧城市交通大脑、智慧城市公共疫情防控服务，具体分析如下。

智慧城市运营大脑

智慧城市运营大脑的主要功能如下：参与智慧城市的顶层设计，并对设计方案进行审核；对各行业信息化发展的目标、框架、任务、运营管理机制等进行规划与审核；制定相关政策法规与标准；对城市各类信息资源进行整合；对城市运行过程进行监控；创建面向社会的大数据开放应用、服务与交易体系等。简言之，智慧城市运营大脑的核心功能就是利用大数据做好城市规划与管理。

智能电网数字孪生服务

智能电网数字孪生服务就是利用电力系统物理模型以及电气、计算机、通信、气候、经济等领域的知识，结合电力系统历史运行数据和基础设施的在线测量数据，从多个维度对电网进行仿真，在虚拟空间完成对电网的映射，将电网整个生命周期的运行过程反映出来，通过系统感知创建数字空间模型，进行数字反馈分析。

智慧城市交通大脑

在不断成熟的云计算、大数据、物联网、人工智能等技术的支持下，数字孪生技术贯穿我国城市发展的全过程。在交通管理方面，随着新基建不断推进，软件系统与硬件设备之间、各个数字节点之间实现了相互联通，为智慧交通建设奠定了良好的基础。而智慧交通覆盖范围以及应用场景的拓展，还需要大量的计算推演以及测试预判提供支持。

数字孪生技术可以打通虚拟环境与真实环境。在数字化时代，任何事物都可以用数据进行描述，并按照固有规律转化为某种参数或模型。在智慧交通建设过程中，数字孪生以数据为基础，从宏观、中观和微观三个维度对城市交通网进行仿真，参照现实的城市交通网构建一个三维模型，为交通路网的静态管理、交通路况的动态推演以及特定场景下的交通预案评估等提供支持与辅助。

智慧城市交通大脑就是通过采集车辆运行数据，对数据进行分析，了解全天交通出行状态。

智慧城市公共疫情防控服务

智慧城市公共疫情防控服务就是利用定位技术，感知疫情的安全距离，提高疫情防控效率。随着疫情结束，这项服务可以发展为公共安全和大健康智能产业。

作为数字城市发展的高级阶段，数字孪生城市可以提高城市的智慧化水平。在未来的发展过程中，人们可以利用5G技术，辅之以物联网、城市信息模型、时空大数据、云计算和人工智能等技术与应用，做好基于数字孪生的智慧城市建设。

总而言之，城市规划者与管理者要充分利用基于数字孪生的智慧城市建设过程中产生的各种智能化应用，尤其是智慧政务、公共安全与智慧养老、智慧交通与智能驾驶、智慧能源与智慧环保、智慧城管与灾害应急管理等，对智慧城市建设产生积极的推动作用。

04　数字孪生城市落地的关键路径

数字孪生技术在不同的发展阶段呈现出不同的特点，要想全面认识数字孪生，必须与具体对象、具体应用和具体需求相结合，立足于具体应用和解决实际问题的需要。在实际应用过程中建立的数字孪生模型只要满足用户的具体需求即可，不需要具备所有理想特征。

数字孪生技术的应用范围非常广，应用于城市建设与管理，就是利用物联网技术，以建筑信息模型和城市三维地理信息系统为依托，将城市的人、物、事、水、电、气等要素全部数字化，仿照现实城市在网络上创建一个虚拟城市，形成现实城市与虚拟城市同生共存、虚实交融的格局。

近几年，在政府部门及各类企业的努力下，摄像头与传感器几乎覆盖了整个城市。5G、物联网等技术的应用可以对摄像头、传感器采集到的数据进行分析，从中提取出有价值的信息。

在数字孪生城市建设过程中，这些摄像头、传感器会实时采集水、电、气、交通等基础设施的运行状态，警力、医疗、消防等市政资源的调配情况，人流、物流和车流等众多信息，然后利用物联网、5G等技术将这些信息上传至云端或者城市管理终端。管理者可以参照这些数据，利用城市模型构建数字孪生城市，制定更科学的城市管理规划，提高城市管理效率。

数字孪生城市通过构建一个物理世界与网络虚拟空间相互映射、协同交互的复杂系统，在网络空间创造一个与现实城市相匹配的“孪生城市”，促使城市内各个要素实现数字化和虚拟化，将城市运行状态实时反映出来，制定协同化、智能化的城市管理策略，形成现实城市与虚拟城市互联互通、交融发展的新格局。

从某种意义上说，数字孪生城市代表了数字城市发展的最高阶段。作为数字城市建设的最高目标，数字孪生城市为智慧城市建设奠定了重要基础。以数字孪生技术为依托创建的智慧城市可以在网络空间对现实的物理城市进行智能化管控。

数字孪生城市建设需要依托很多条件来实现，包括对现实城市进行全面感知，从多个维度、多个尺度构建城市模型，促使各类数据实现深度融合，打造智能化服务，按需使用，促使各类智能化服务实现全面、动态、实时交互。

以数字孪生技术为依托创建的智慧城市要解决五个方面的问题，如表7-3所示。

表 7-3　基于数字孪生技术的智慧城市要解决的五大问题

切入层面	具体问题
在物理实体方面	智慧城市要解决城市多源异构物理实体的智能感知与互联互通问题，即如何从多个维度获取物理实体的数据，对数据背后隐藏的规律进行深入挖掘，从而实现对物理实体的准确控制
在虚拟模型方面	智慧城市要解决如何构建一个能够真实反映城市运行状态的多维度、多尺度模型，对现实城市与虚拟模型的一致性、真实性、可靠性、有效性进行验证，实现多源、多学科、多维模型的组装与集成

续表

切入层面	具体问题
在孪生数据方面	智慧城市要解决如何在城市发展过程中采集海量大数据和实时变化的小数据，如何促使全流程多源异构数据实现高效流动，如何对采集到的各类数据进行融合处理，如何促使孪生数据与虚拟模型、物理实体、服务实时交互等问题
在连接与交互方面	智慧城市要利用城市智慧大脑让城市实现跨平台交互，推动“数据—模型—应用”这个流程不断迭代演化，获得实时反馈
在服务方面	智慧城市要利用多维模型和孪生数据打造多元化的服务，满足不同领域、不同层次用户以及不同业务应用的需求

第八章

智慧社区：大数据赋能社区精细管理

01　智慧社区：开启社区治理新模式

随着社会数字化进程不断深化，大数据、物联网等新一代信息技术持续为社区发展赋能，催生了顺应时代发展潮流的智慧社区。大数据技术的应用能够实现社区数据的快速整合与处理，从而实现社区管理和服务决策的优化，打造高效社区管理和服务体系，推动社区智能化发展。

在传统的社区发展模式中，社区各部门之间的协同和联动难以实现，服务问题突出，而从近几年的社会发展情况来看，社会经济迅速发展，人民生活水平持续提升，国家不断加大对基层治理的重视程度和扶持力度，传统社区发展模式已经无法契合现代社会发展的节奏。在这种情况下，社区管理只有抓住机遇，积极运营新一代信息技术，开创社区治理新方法，打造高效的新型社区治理模式，才能跟紧智慧社会发展步伐。

一般来说，智慧社区架构包含以下几个部分。

基础设施

基础设施主要包括智能传感器和互联互通的物联网络，是智慧社区发展的基础。依托物联网等技术，智能感知设备可以采集社区中人、物、环境等要素信息，将社区内零散孤立的要素整合到一起，形成一个可以分析的基础设施系统，为智慧社区发展奠定坚实的基础。

支撑平台

支撑平台主要是指上级有关部门统一建设的综合信息服务平台，是智慧社区的核心。该平台为各部门数据信息处理提供了载体，同时为各部门与上级部门之间数据的实时共享提供了通道，其运行依靠的数据主要来自三个模块：政务服务平台、公共服务平台和商务服务平台。

智慧应用

智慧应用是智慧社区的重要内容，是为社区居民提供智能化服务的重要抓手，也是智慧社区建设中最贴近居民生活和工作的环节，涵盖社区管理和服务的方方面面，典型应用如物业服务、社区医疗、社区教育、社区互动等。

保障体系

保障体系是为智慧社区中基础设施模块、支撑平台模块及智慧应用模块提供保障的系统。在具体实践中，保障工作不仅要保障智慧社区顺利发展，还要符合当地的发展标准与整体要求。

智慧社区的发展离不开综合服务云平台的支撑，该平台可以基于大数据技术，将社区运行产生的各类数据进行实时更新和整合处理，大幅提升了基层行政部门数据交换与共享的效率，给社区居民带来更加便捷高效的服务体验。此外，社区政务服务、医疗健康、周边商圈、物业管理等都属于社区管理的范畴，围绕综合服务云平台对社区管理的各个模块进行智慧化建设，才能系统推进智慧社区发展。

另外，基于大数据、物联网等新技术的物联网平台，也在智慧社区建设中发挥着至关重要的作用，它包括终端层、网络层、物联网管理平台三部分，形成了一个集数据采集、传输和处理等功能于一体的闭环，即终端层采集的社区动态数据，通过网络层传输至物联网管理平台进行整合分析与加工处理，管理者依据数据处理结果对社区智能传感器和监控系统以及智能家居等进行统一管理，提升社区居民的安全感和舒适感。

智能移动终端设备是推动智慧社区应用真正落地的重要端口，能够承载更多更智能的社区App，这些App涵盖物业服务、生活服务、社区互动等所有社区应用场景，能够实现社区发展各领域的动态互联和实时交流，提高社区生活的智慧化程度。

大数据技术作为一种典型的信息化技术，能够给智慧社区建设带来巨大的红利。大数据技术与其他新型技术相结合，可以深入挖掘社区各类数据的价值，提升社区内外部的智慧化水平，为社区居民提供便捷、高效、智能的服务体验，还能不断推动社区管理模式创新升级，进一步提升智慧社区的智能化水平，为智慧社会建设贡献力量。

02 大数据赋能智慧社区建设

随着社会不断发展，人们对社区服务的需求逐渐多样化，使得社区管理和服务工作日渐繁杂。再加上近几年国家越来越重视基层治理工作，为了响应国家号召，各社区应当积极整改滞后的传统社区治理模式，改变社区信息闭塞的境况，全面实现各部门的信息沟通与共享，借助新一代信息技术充分释放信息资源的价值。

大数据凭借其大量、高速、多样化、有价值、真实的优势，能够完美契合智慧社区发展的技术需求，能够对社区运行的海量数据进行实时收集、动态整合、智能分析，在社区管理和服务工作中发挥数据的最大价值，提升社区管理和服务的效率，全面弥补传统社区管理模式的缺陷。

基于大数据的智慧社区平台建设

大数据技术是智慧社区平台建设的核心技术，通过实时收集居民需求，对这些数据进行智能分析制订最优服务方案，为管理者提供决策依据。在实际应用中，依托大数据技术，智慧社区平台能够帮助物业人员实时掌握小区内的情况，在居民遇到问题时第一时间为其提供解决方案，提升物业服务质量与效率。

基于大数据的社区公共安全

社区公共安全一直是社区管理的重点内容，在社区各个区域安设智能传感设备，依托大数据技术的优势，一方面可以对社区建筑、标准地址、常住人口、基础设施等静态数据进行智能感知和收集，另一方面可以对社区事件、人员流动、车辆通行等动态数据进行实时捕捉和采集，并利用海量公共安全数据完善社区安全数据库，为社区公共安全提供强有力的保障。

同时，相关企业与机构可以借助新一代信息技术研发公共安全App，并投入使用。人们可以将App下载至5G智能移动设备，利用App搭载的快捷通道随时随地上报身边的安全隐患或事故，实现各类安全隐患的实时预警和统筹处理。社区借助群众的力量开展安全防护工作，既能有效提升民众的安全意识和社会责任感，又能大幅减少安全事故造成的损失，一举两得。

基于大数据的社区公共管理

社区公共管理工作涉及的数据非常复杂，通常包含社区资源、管理内容、网络巡查、第三方服务等，且各类数据之间存在比较复杂的内部联系，借助大数据技术能够有效实现这类数据的收集整合、分析处理，并及时排查和监测异常数据，采取相应措施优化公共管理工作。此外，大数据结合人工智能还能有效维持社区秩序，防范或减少违法犯罪等行为（如损坏公物、盗窃、高空抛物等）发生。大数据技术为社区公共管理工作提供了坚实的技术支持，推动社区管理朝着智能化方向发展，为居民营造智慧便捷的生活环境。

大数据时代的到来给社会发展模式带来了更多可能性。大数据技术应用于智慧社区建设，一方面能促进社区发展模式优化升级，为居民打造智能化、高效化的社区生活圈，提升居民的幸福指数；另一方面能实现与社会发展其他领域的协同融合、互联互通，共同推进新时代智慧社区的发展。

03 社区管理的数智化升级

社区作为一种基层社会组织，始终秉承建设与管理目标一致的原则，坚持以居民为中心，致力于为居民打造安全舒适、便捷高效的生活环境，为居民提供家庭健康、教育、文化娱乐、现代政商务等多类型的服务，提升居民的生活品质，全面促进社区发展。

基于大数据的智慧社区建设刚好可以满足现代化社区发展要求，大数据技术可以为社区管理和服务赋能，全面打造新时代的智慧社区，推动社区管理向数字化、智能化、互联化方向发展。智慧社区管理的内容通常涵盖社区文化管理、政府职能的智慧化管理、社区医疗和社会保障管理、社区安全管理等几个方面。

社区文化管理

文化是社区、城市乃至国家发展的一种不可替代的财富，是国家软实力的象征，通过影响人类社会活动进而影响国家的发展方向与进程。社区文化相当于社区发展的中心指挥思想，其优异的成果能够大幅提升城市竞争力。因此，智慧社区建设应当将社区文化建设置于首位。

智慧社区的文化建设要围绕学习文化、娱乐文化、科技文化及生态文化展开。具体来讲，智慧社区建设要以智慧社区平台为载体，开展文化宣传和学习，让居民可以实时了解人与自然、宇宙状态、科技发展、国家政策等从人文地理到社会形态的各类文化知识，刺激居民的求知欲和探索意识，提升居民的文化素养，同时要充分利用信息化手段建设老少结合、大小结合、教乐结合、远近结合、雅俗结合、虚实结合、内外结合的智慧社区文化。

政府职能的智慧化管理

智慧社区建设的主要目的是为社区居民提供优质服务，推动社区全面发展，从而促进智慧城市的建设和发展。在智慧社区建设中，街道社区等基层政府机构可以借助智慧社区平台履行政府职能，开展一系列社区政务工作，同时还可以借助平台发挥群众效应，鼓励社区居民积极参与到智慧社区建设中来，这不仅能提升社区居民的社会责任感，而且能够推动社区灵活建设与多元化发展。

政府职能包含政治职能、经济职能、文化职能、公共服务职能及生态职能五大层面。在智慧社区建设过程中，社区要利用大数据、物联网等技术为政府职能的智慧化转型赋能，推动社区政务工作高效执行，促进社区全面均衡发展，为居民提供更加个性化的社区服务。

社区医疗和社会保障管理

借助大数据技术建设智慧社区医疗保障平台，开拓线上、线下相结合的医疗服务模式，为居民提供“一站式”医疗服务。智慧社区的医疗管理建设要与社区医院信息门户平台相结合，借助医院信息系统（Hospital Information System，HIS）、实验室信息管理系统（Laboratory Information Management System，LIMS）等完善智慧社区医疗保障体系，充分发挥大数据技术的优势，实现医务人员与居民之间的信息互联。

具体来看，社区医疗与社会保障机构要借助物联网等技术，构建和完善档案信息管理系统、日常健康检查系统及远程医疗服务系统，结合智慧社区的医疗保障系统，不断提升医疗的智慧化水平，为居民带来及时、便捷的医疗服务。此外，社会保障也是社会发展的必要环节，要依托大数据、物联网、云计算等新技术不断完善智慧社区的社会保障体系，为居民生活提供全方位的保障，全面提升居民的生活水平与生活质量。

社区安全管理

社区安全是智慧社区建设的重要内容，需要综合利用大数据、物联网、人工智能等技术，创建并完善智慧社区安全平台，加大社区安全管理力度。在这个过程中，社区管理人员要在社区各区域安装智能传感设备，借助信息技术实时监测社区内的环境、人流、车流等，提前对安全隐患进行预警，借助智能应急系统及时高效地处理安全事故，还要将智慧社区安全管理平台与各类移动设备进行连接，向居民推送安全事故应急处理方案，并结合线下安防演习活动，提升居民的安全意识，切实保障居民的安全。

04　大数据时代的智慧社区管理

智慧社区建设涉及民众的基本生活，而民生是国家最重视的内容之一，因此，在大数据的支持下，智慧社区建设迎来空前的机遇。大数据技术、物联网、云计算等新技术应用于智慧社区建设，能够有效提升社区管理的科学性，为居民带来智能化、精细化、个性化、多元化的服务，契合居民需求。在近几年的发展中，尽管智慧社区建设还处于探索阶段，但受益于大数据等新一代信息技术的快速发展，智慧社区建设取得较大进展，社区管理理念、治理方式不断创新，相信在不久的将来，智慧社区建设将实现跨越式发展。

智慧社区是社区发展的新趋势，也是促进智慧城市发展的重要内容之一。在大数据驱动下，智慧社区管理应开创线上、线下同步管理的模式，充分利用大数据的优势，发挥智慧社区管理的效能，通过智慧社区管理推动智慧城市快速发展。

现阶段，智慧城市建设已经成为城市发展的新方向，而智慧社区既是智慧城市发展的一部分，又是智慧城市发展的缩影，能够反映智慧城市中基层管理方法、水平和模式，并不断引导基层管理模式变革，推动基层社区向智慧化方向发展，这对于建成智慧城市乃至智慧社会来说具有深远的意义。

智慧社区管理就是促进大数据技术与社区管理服务工作深度融合，形成更加智能化、互联化、物联化的社区管理服务模式，如智慧物业、智慧家居、智慧养老、智慧医疗、智慧教育等。作为社会管理的一种创新模式，智慧社区建设正在“5G+大数据”的驱动下不断深化，不断滋润着居民的生活。未来，智慧社区管理将在全国范围内普及展开，并持续优化创新，不断向更高效、更智能的方向稳步迈进。

智慧社区建设的根本目标是为居民提供更优质的服务，始终围绕“以人为本”的主题。由于智慧社区建设是5G时代的产物，而5G时代刚刚到来不久，因此，我国智慧社区建设还处于探索阶段，要想真正建成智慧社区乃至智慧城市，还需要社会各界的共同努力。

重视和加强信息安全管理

在大数据时代，个人数据信息是一种重要的生产要素，信息的共享和传输变得越来越频繁，因此，信息安全管理成为大数据时代安全管理的重要内容。智慧社区涉及的信息包括居民基本档案、应用数据、计算机软硬件存储、网络平台、服务等多维度的信息。现阶段，随着网络技术越来越发达，黑客日渐丰富的攻击手段使得居民的信息安全遭到各种的威胁，建设信息安全管理系统刻不容缓。为此，智慧社区要充分发挥新一代信息技术的优势，创建信息安全管理体系，研发移动端信息保障App，并借助5G技术实现两者之间的关联，并在信息传输和共享过程中进行加密处理，全方位保障居民信息安全。

变革智慧社区管理理念

传统的社区管理往往比较注重常规化的社区事务，这些事务大多由社区管理机构来执行。但在新时代，居民需求逐渐多元化、个性化，传统的社区管理模式不再适用，利用新一代信息技术推动社区管理理念和模式的智慧化变革成为必然趋势。为此，社区要利用大数据等技术创建智慧社区管理平台，在平台中引入各类智能化、趣味性的管理渠道，吸引居民主动参与社区管理，集思广益，汇聚民众的力量推动社会管理向着多元化、个性化、智慧化的方向发展。此外，民众参与社区管理还可以实时获取居民不断变化的需求，让社区管理更贴近居民的生活，进而提升社区管理和服务效率。

多元参与社区管理

通常来讲，政府运行平台往往受众比较少，且大部分都是政府工作人员，不能很好地发挥其效能，无法为民众提供切实的服务。在大数据时代，借助新型技术创建智慧社区平台，引入一系列商业模式，可以有效吸引大量真正有需求的民众，也可以提升政府平台的活跃度，真正做到为人民服务。此外，智慧社区平台还可以创造更多机会和入口，吸引企业等社会各界主体参与智慧社区建设，鼓励各类社区商圈升级转型，打造集智慧物业、智慧家居、智慧养老、智慧社区教育、智慧社区医疗等功能于一体的多元主体参与的新型智慧社区，促使社区服务体验实现跨越式升级。

运用智慧化管理方法推动社区自治

社区管理要充分享用智慧化技术带来的红利，不断研发社区管理的新应用和新渠道，创建社区居民互动交流平台，广泛收集居民诉求，允许居民发表各自意见和建议，推动社区自治。目前来讲，各类社区网站、社区助手、微信群等都是实现社区自治的主要渠道，居民可以通过这些渠道实时反馈个人需求，也可以及时提出建议，在实现居民互帮互助、增强邻里关系的同时提升社区治理效率。此外，社区管理还借助智慧社区治理平台打造社区云端文化，在一些特殊节日通过有奖互动广泛收集居民的创意作品，提升居民的参与感和自豪感。

在信息化时代，大数据驱动的智慧社区管理模式已经成为社区管理的必然发展趋势，也是顺应智慧城市建设潮流的必然选择。目前，我国正在积极开展智慧社区建设和管理，并取得了一定成效。但由于我国社区管理的传统观念比较顽固，导致智慧社区在建设过程中遇到了一些难题，如城乡便民信息服务不均衡、智能设备软硬件的服务功能比较差、社区公共管理服务的信息化手段难以操作、信息安全系统不完善等。俗话说“万事开头难”。我国智慧社区建设正处在起步阶段，出现问题在所难免，但这些问题也为智慧社区建设提供了宝贵的经验，有利于创造出一系列独具特色的智慧社区管理模式。

第九章
智慧校园：AI驱动的教育模式变革

01 “数字校园”到“智慧校园”

随着人工智能技术不断成熟，各国纷纷利用人工智能技术发展新的竞争力。我国也抓住机遇，大力发展智能教育，并出台了一系列支持政策。在2017年颁布的《新一代人工智能发展规划》中，政府就强调了人工智能技术用于教育教学事业的重要性。

2018年4月，教育部颁布了《教育信息化2.0行动计划》，强调教育信息化2.0行动计划是智能化时代下教育教学发展的“内在需求”“必然选择”“关键举措”“有效途径”，并要求学校开拓新型教育形态，建设智能教学环境，推进人工智能与教育相结合，大力发展智能教育。

人工智能技术应用于校园建设，可以拓展出多项关键技术，如教育机器人、人脸识别、智能感知等，还能研发出一系列智能教学软硬件设施、智能教务系统等，为智慧校园建设奠定技术与设施基础。

具体来看，校园信息化建设自提出至今，大致经历了以下几个阶段。

雏形阶段：以互联网等技术为支撑的数字校园

1990年，美国一知名大学教授首次提出“数字校园”的概念，拉开了校园信息化建设的帷幕。这一时期越来越多的学校开始将信息技术应用于校园管理、教育教学、校园硬件设施，研发出一系列便捷的设备和工具，如校园卡、电子教案、数字图书馆等，首次改变了教育和学习模式。实质上，这一阶段的数字校园形态是利用信息技术初步实现信息资源的整合与集成。

在这一阶段，尽管数字校园建设提升了教学效率、拓展了校园空间维度，但是这一阶段的信息技术在教育中的应用呈现出单向性与浅层应用的特点，只能利用信息技术搭建网络化沟通载体或建设网络基础设备，不能通过使用这些工具或手段从根源上实现教育教学模式的变革。因此这一阶段被称作智慧校园建设的雏形阶段，距离真正实现教育信息化还有较大差距。但人们对新型教育模式的探索从未停止，人们更希望对教与学产生更新颖、更高级的认识，从而落实信息化教育。

1.0阶段：以现代信息技术为支撑的低阶智慧校园

2008年，“智慧地球”的概念被首次提出，社会各界开始利用信息技术创建智慧化的空间和社区。在这一背景下，越来越多的学校纷纷试水智慧校园建设，持续推动信息技术与校园建设融合，注重教与学的需求，不断创新教育教学模式，打造“一站式”校园服务，推动智慧校园建设进入1.0阶段。

在这一阶段，计算机视觉、物联网等技术开始应用于校园建设，并研发出更先进的门禁系统身份认证、校园无线网等设施，特别是校园无线网的出现实现了校园网络的实时互联，极大地方便了教学信息平台的整合，进一步提升了教学效率。这一阶段的校园建设开始注重分层架构。

智慧校园1.0阶段也被称为低阶的智慧校园，这一阶段虽然引入了很多信息技术，使信息技术的集成功能得到进一步发挥，但大数据处理、学习状态识别以及情境感知等场景均未取得理想的效果，因此，这一阶段只是在技术使用方面优于数字校园阶段，校园形态的智慧化程度仍然较低，也没有为教学模式带来根本性变革。

2.0阶段：以人工智能等新技术为支撑的高阶智慧校园

随着人工智能技术的高速发展与广泛应用，智慧校园建设迎来了前所未有的机遇。这一阶段会有更多先进的、创新的技术持续应用于智慧校园建设，机器学习、自然语言处理、机器人、大数据等技术的应用将越来越成熟，这些技术的智慧潜能也将得到深度挖掘和运用，校园形态的智慧化程度也将得到飞跃式提升，届时，学校管理、课程教学、校园生活等领域的发展也将得到颠覆式升级，智慧校园也将实现从智慧校园1.0阶段向智慧校园2.0阶段的跨越。

02 AI赋能校园教学模式变革

人工智能能够模拟人脑进行学习、推理，甚至可以自主思考、规划等，其研究方向极为广泛，关键技术包括机器学习、机器人技术、自然语言处理、生物识别技术、计算机视觉。这些技术及其分支技术为智慧校园建设提供了强有力的支持，也丰富了智慧校园的应用场景，主要包括以下几个方面。

AI助力个性化教学

在传统智慧校园建设中，教育教学的个性化程度比较低，无法真正提升师生教与学的积极性。而人工智能技术赋能智慧校园建设，能够动态捕捉和智能整合师生的个性化特征和需求，提升个性化教学效果。

学校要实现个性化教学，首先要将教育大数据利用起来，推动人工智能与大数据技术相结合，实现教育大数据的全面收集、动态整合与精准分析。

一方面可以充分发挥数据的深层价值，深入挖掘教育教学特征和规律，根据相应的规律和逻辑制定合理的教学规划，有效提升教学效率。如机器学习模型可以结合遗传算法、神经网络等技术深刻理解并学习教育数据之间的内在逻辑关系，借助数据可视化手段进行图谱呈现，通过进一步学习和推理实现数据预测。

另一方面可以结合教育数据分析结果，精准诊断教学难点和薄弱环节，精准定位教师教学、学生学习的特征、需求与偏好，将这些可能对教学产生影响的因素结合起来，借助新技术创建个性化的教育教学方案，最终实现个性化教学。例如，自然语言处理技术能够智能捕捉和分析学生的答题情况，并进行自动评分，从而实时掌握学生的学习情况，并将这些情况推送给老师，实现因材施教。

AI赋能精准教育管理

在传统的智慧校园中，因为教育数据收集不全面、分析不到位，导致教育管理工作具有一定的片面性。人工智能在教育中的应用能够解决这一问题，实现精准教育管理。

（1）在教学管理方面，人工智能的应用带来了智能教务系统、智能作业批改系统、智能教学服务系统等，这些智能化系统既可以精准推送数字资源，提升教学基础工作的便捷性与高效性，又可以全面、实时采集教学数据，结合大数据分析技术对教学数据进行科学分析，科学评价教学成效，明确教学现状和未来的发展趋势，自动制订科学高效的教学计划，调整教学安排，从而实现精准的教学管理。

（2）在学校管理方面，人工智能可以带来智能化的管理平台，这一平台能够将教育主体信息、教育场景及活动等要素纳入其中，实现智能化、自动化管理。学校管理者可以依托这一平台对教师、学生、教学管理人员等教育主体的信息进行统一管理，降低学校管理者的工作压力，提升工作效率和准确率，同时能够结合情感计算技术对师生的教育状态及教育需求进行智能精准甄别，为其提供精准教育决策和教育资源服务，实现精准的学校管理。

AI便捷校园生活

人工智能赋能校园生活，能够在传统智慧校园多样化服务的基础上，进一步提升校园服务体验，实现校园生活服务和空间的智能化发展；可以在校园内铺设全域互联的网络，在各个关键点部署智能感知设备，结合智能传感、生物识别等技术对校园信息进行实时动态捕捉、高速准确传输以及智能科学分析，从而提升校园服务的水平和效率。

例如，在图书借阅场景中，人脸识别技术能够精准辨识师生身份，通过智能信息平台快速了解师生的借阅习惯与需求，为其智能推送图书资源；在校园安全管理场景中，智能传感技术能够快速识别安全隐患，并进行智能干预和自动报警，保障校园安全；在校园心理咨询服务中，智能技术可以精准诊断师生的心理问题，同时结合师生的性格特征制定科学的干预策略，为心理咨询师提供参考。

03　AI智慧校园的框架设计与思路

AI赋能智慧校园建设，应当借鉴AI在其他领域的成功应用经验，利用分层设计手段，结合“以用户为中心”的服务理念，创建智能化时代下的智慧校园。具体来看，智慧校园建设应当包含基础设施层、数据平台层、应用服务层、技术规范层四个层面。

基础设施层

基础设施层能够为智慧校园建设提供必要的软硬件设施支持，为实现智能校园服务提供基础保障。通常，基础设施层主要由硬件设施、软件系统、资料库与服务器组成，具体功能如表9-1所示。

表9-1　智慧校园基础设施层的三大构成

三大构成	具体部件	具体功能
硬件设施	智能传感设备、智能定位设备等	能够实时获取校园内的动态信息，能够为智慧校园提供全域互联、精准定位等功能，是软件系统赖以运行的物质载体。通常硬件设施与软件系统是同时工作、互相支持的
软件系统	生物识别系统、计算机视觉系统、互联网络系统等	能够将硬件设施采集的信息转换成教育大数据，并提供数据存储与传输功能，为数据平台层提供海量的数据支撑。软件系统是基础设施层的核心
资料库与服务器	—	能够汇聚和储存海量校园信息和资源，实现大数据存储

AI智慧校园应当对其进行统一架构与统一协调，保障基础设施层稳定高效运转。

数据平台层

数据平台层是AI智慧校园的核心层，能够接收基础设施层传来的教育大数据，借助人工智能算法、大数据分析、云计算等技术对教育大数据进行整合、分析、加工和处理，为智慧校园应用服务提供决策支撑。与传统校园数据分析方式相比，基于AI的教育大数据分析具有个性化、筛选性、预测性等优势，具体如表9-2所示。

表9-2　基于AI的教育大数据分析的三大优势

优势	具体表现
个性化	AI技术赋能智慧校园建设，能够结合聚类算法、神经网络分类算法、贝叶斯分类算法等对教育大数据进行快速汇总和准确分类，对师生教与学行为习惯进行分类归纳，从而识别或改善师生行为，实现个性化管理
筛选性	借助文本识别技术、文本分类技术、知识图谱等对教育大数据进行智能整合和筛选，并结合数据来源和类别对筛选出来的有价值的数据进行分类管理，以便更加精准地洞察和满足师生及其他人员的个性化需求，充分发挥数据的价值
预测性	大数据分析技术结合机器学习技术，对教育大数据进行精准分析，总结并学习教学情况、教育管理等方面的规律，结合社会发展对人才需求、未来的教育趋势进行预测，为师生提供更加科学的教学规划

应用服务层

应用服务层是AI智慧校园建设的出发点和落脚点，主要包括智慧教学、智能教育管理、个性化校园生活服务等场景。应用服务层是与师生及管理者直接接触的层次，其建设应当充分考虑师生及管理者的需求、特征、偏好、认知风格、数字化技能等因素，为其提供便捷高效的应用终端，大幅提升教学服务体验。

（1）智慧教学可以借助AI技术创建智能化教学课堂和在线教学平台，提升教学效率与趣味，可以实现随时随地教学。此外，AI与大数据、云计算等技术相结合，能够通过数据分析创建教学画像和学业画像，为师生提供个性化教学方案，还能对师生行为进行实时监测，及时了解教与学的情况。

（2）智能教育管理可以利用AI、物联网等技术打通各教育管理层之间的数据通道，使教育数据可以根据管理者的需求在独立流动和交互共享两种状态间自由切换，在保证数据安全性的同时，提升决策与服务效率。智能教育管理通常包括教学管理、信息管理、后勤管理、设备管理等内容。

（3）个性化校园生活服务可以借助AI等技术创建智能校园生活空间，并将校园运动、娱乐、交流、卫生、交通等内容纳入进来，为师生提供便捷、高效的校园生活服务，帮助师生平衡工作、学习与生活。

技术规范层

技术规范层是根据国家相关法律法规、社会成文及不成文的规定、学校的校规及发展规律、智能化技术的逻辑和原理等制定的标准和规范，用来支持和约束学校对教育信息与技术的使用行为。技术规范层通常包括物理规范、网络规范、数据规范、应用规范，其功能如表9-3所示。

表9-3　技术规范层的四大构成

构成	具体功能
物理规范	可以支持教学与非教学设备的检测、维修与安全保护
网络规范	可以防止黑客入侵校园网络，保护教育数据的安全

续表

构成	具体功能
数据规范	可以保证教育大数据的规范存储、传输、分析和应用
应用规范	根据相关技术标准规范应用系统运行

对于AI智慧校园而言，技术规范层虽然不是最重要的，却是不可缺少的，能够对技术应用起到规范和保护作用，规避技术风险，防止发生技术伦理问题，保障智慧校园正常运行。

04　AI智慧校园建设的关键路径

在AI智慧校园建设框架中，科学的顶层设计固然重要，能够从宏观层面引领AI智慧校园建设进展，关键路径设计也至关重要，它能够带动AI智慧校园建设真正落地。在智能化时代下，AI智慧校园建设的关键路径主要包含以下几个方面。

创设泛在互联型的智能教育环境

在智能化时代，智能技术在教育中的应用能够进一步拓宽校园的空间维度。学校可以借助人工智能、物联网、大数据等技术创建泛在互联的智能教育环境，主要包括智能学习环境与智能教学环境两方面。

- 在智能学习环境方面，学校可以借助AR、VR技术创建线上学习平台，该平台支持学生随时随地进行学习，并且支持不同学校的学生一起学习，为学生带来沉浸式学习体验。此外，学校还能结合计算机视觉、机器学习、人脸识别等技术研发智能导师系统、智能伴学助手等工具，智能、动态地监督学生的学习情况，为学生营造良好的在线学习环境。

- 在智能教学环境方面，学校可以集成并整合教育专用网、物联网等网络，打通各教学终端，创建智能互联的校园教学网络环境，打造线上、线下融合的教学平台，让教师根据教学需求选择教学方式，也支持教师依托平台开展教研活动，支持教师开展跨学校、跨地区的交流，既可以提升教学质量，也可以激发学生的学习兴趣。

搭建智能教育资源及决策服务平台

为保证AI智慧校园建设的质量，学校要积极创建智能教育资源服务平台和智能教育决策平台，因为良好的教育资源是展现学校实力的重要基础，科学的教育决策能够进一步提升教学质量。

- 在智能教育资源服务方面，学校应当充分发挥智能技术的优势，整合校内外的优秀教育资源，如线上公开课程、网络精品课程、微课、慕课等，结合自身的教学特点，创建适应本校教育环境与师生水平的智能教育资源服务平台，供教师和学生使用。此外，大数据技术还可以用于捕捉师生的学习偏好及教育资源需求的变化，不断优化更新平台内容，提升平台服务体验。
- 在智能教育决策方面，学校要利用文字识别、机器学习等技术创建智能题库系统、作业智能批改系统、学业精准诊断系统等，以实时、动态、精准地诊断师生教与学的状态，在此基础上推动人工智能算法进一步发展，形成教育人工智能的良性循环，促进教育智能评价能力进一步提升，以提供更加科学的教育问题解决方案，在保证教学质量的基础上减轻教师压力。例如，教师可以根据实际教学内容与教学进度在智能题库输入相关内容，得到海量合适的试题，还可以利用智能批改系统实现作业高效、即时批改，提升教学效率。此外，各类智能系统的应用能够让教师拥有更多的时间和精力与学生沟通，降低学生产生心理疾病的概率。

统筹构建智能教育大数据的治理体系

数据治理是指对数据质量、数据采集与分析流程、数据应用等过程进行管理和控制的活动，其最终目标是提升数据价值。创建智能教育大数据治理体系，能够推动教育人工智能落地，最终建成数字化时代下的AI智慧校园。

- 学校可以主动与技术开发商、技术员等主体联合组建数据质量监管小组，加强对教育数据从采集、筛选到共享、应用全过程的监管，着重保护隐私数据，严格把控教育数据的来源、应用场景等，确保数据的合法合规性，对违规、违法数据进行拦截、彻查，以保证数据质量。
- 数据采集与分析是数据治理的关键环节，学校应当建立教育数据监管制度和数据质量评价指标体系，聚焦数据采集与分析过程的监管，结合大数据分析、人工智能等技术对数据处理全过程进行实时、动态监测，同时保证数据传输与共享过程的准确性与可靠性。
- 学校要积极开展数据治理能力培训，深化师生及管理者的数据安全意识，加强其数据规律总结能力与数据侦查能力，全方位保证数据质量与数据安全。

优化智能技术监管机制及伦理规范体系

在建设AI智慧校园时，要遵循智能技术运用和社会运行的基本规律。学校要在AI智慧校园建设过程中不断优化智能技术监管机制和技术伦理规范体系，以规范智能技术的应用。

- 在教育人工智能算法监管制度的优化方面，学校要积极与技术开发商沟通协作，运用智能技术完善算法设计原则和过程，避免技术漏洞，最大限度地降低技术风险，提升教育数据采集和处理过程的可靠性，保障数据安全，同时也可以保证数据分析结果的准确性，实现数据高效应用。
- 在教育人工智能伦理规范体系创建和优化方面，学校要充分考虑技术开发商、教育行政部门、学校、家长等多方参与者的利益诉求，支持各参与者通过协商自行组建审查小组，共同监督和规范教育人工智能的应用流程，防止不同参与者之间产生利益冲突，规避教育人工智能应用的伦理风险，维护教育公共利益。

第四部分

数字政府篇

第十章
演变路径：数字政府1.0到3.0时代

01　数字经济时代的国家治理现代化

现阶段，社会的数据化、信息化、全球化、网络化、电子化程度不断加深，基于信息、数据的数字化治理正逐渐成为推动政府治理现代化的重要手段，我国将积极推动政府转型，大力支持数字政府发展。

2021年3月，中国信息通信研究院发布的《数字时代治理现代化研究报告——数字政府的实践与创新（2021年）》认为，全球数字政府建设总体处于起步阶段，我国数字政府建设起步较晚，处于全球中上水平，在线服务则走在全球前列。

目前，我国正处于快速推进数字政府建设的重要时期，各地数字政府积极尝试和创新，逐步形成数字政府建设转型新格局，数字政府建设取得了一定的成效，具备一定的经验，正是全面推进数字政府建设的最佳时机。

数字政府建设是一项涉及多个领域、包含众多子项目的系统性工程。我国在数字政府建设初期就已取得明显成效，并通过众多子项目建设为总体建设打下了稳固的基础。在研究数字政府发展之前要先明确我国数字政府的发展轨迹，以及数字政府建设的核心要义，这也是本书在数字政府建设研究中的重要内容。

对电子政务和电子政府进行定义并梳理二者的关系，有助于明确数字政府的含义、框架和发展结构。电子政务是近年来诞生于互联网的网络词汇，定义随着实践发展不断更新，可以概括为一种政府职能管理部门借助先进信息技术组织管理的方式。政府职能管理部门使用信息技术向社会上的公众公布政府可公开的信息，同时利用网络虚拟技术处理、延伸一些职能和服务。但电子政务建设处在初级阶段，功能和保障措施还有所欠缺。

电子政府是目前官方未曾使用过的学术研究术语，西方学者对电子政府的定义是：为顺应全球性、虚拟性、知识性的数字经济对分层结构、集中管理、在物理经济中运行的工业化模型大政府进行改造而产生的新型管理体系。由此可得，电子政府与现实政府是从属关系。

其中，电子政府是具有行政性的政府主体，现实政府对其下属的电子政府负有完全的行政责任。从本质上讲，电子政务就是利用信息通信技术将行政、服务、管理等职能统一集成到电子政府当中。电子政务和电子政府之间存在明显差异，电子政务是建立在电子政府上的政务，也是电子政府建设的过程性项目，电子政府是电子政务的基础和目标。也就是说，电子政务是实现电子政府的必经之路，电子政府是电子政务经过一段时间的持续发展才能实现的目标。

在大数据时代，云计算、云存储等技术的发展速度越来越快，互联网与各传统领域的融合程度也越来越深，尤其是在信息化、全球化、网络化、数据化和电子化持续发展的情况下，电子政务逐渐成为国家行政管理的新模式。

党的十六大报告明确指出：“要进一步转变政府职能，改进管理方式，推行电子政务。”重点强调了推进电子政务建设的重要性。党的十八届三中全会首次提出“推进国家治理体系和治理能力现代化”。自党的十八大以来，我国政府对数字政府建设多次做出重大部署，全面推进政府治理能力现代化。

目前，我国各政府部门频繁推出多项相关政策加强对数字政府建设的指导，推动各地快速将数字政府建设落到实处。数字政府就是政府在信息通信和计算机等先进技术支撑下进行的数字化转型，有助于数字社会的构建和数字经济的培育，可以引领数字社会、数字经济持续稳步发展。推进数字政府建设具有多方面的社会价值，如表10-1所示。

表 10-1　数字政府建设的三大社会价值

序号	社会价值
1	数字政府是顺应时代变革的产物，有助于促进数字技术与经济社会发展的深度融合
2	数字政府通过服务、职能和管理等事务的数字化提升行政效能、服务水平和民众满意度
3	数字政府建设为国家实现“数字蝶变”打下牢固的基础，是构建网络强国、数字中国和智慧社会的强大驱动力

从电子政务发展为电子政府，再到建设数字政府，需要充分发挥数字技术的使能技术属性，集合结构基础性要素，不仅可以推动国家治理体系走向现代化，还能为数字政府与法学领域法律关系的研究奠定基础。

02 1.0时代：政务办公自动化

数字政府建设的各个历史阶段有着不同的载体和相同的发展方向，出现这种情况的主要原因是各历史阶段的生产力基础和发展层次各不相同。通过对我国数字政府建设历程进行盘点，大致可按时间和发展层次将其划分为三个历史阶段，即1.0时代到3.0时代。

在数字政府1.0时代，我国政务初步走向办公自动化，开始将信息技术应用于建立机构、创建政务专网、建设专项业务应用系统等工作，这个时期的电子政府建设具有单机应用、分散开发的特征。

原国家计划委员会成立的国家信息中心陆续建设了多个政府信息系统和数据库，实现了各类电子设备和高层级网络的互联。在这个阶段，我国以电子政务为载体初步构建起数字政府的雏形。

1992年，美国参议院的阿尔·戈尔提出美国信息高速公路法案，次年9月，美国政府宣布实施“国家信息基础建设”（National Information Infrastructure，NII）计划，在全球范围内掀起建设信息高速公路的热潮。

我国在1993年底展开一系列“金字工程”推动国民经济信息化，其中“金桥工程”是我国信息高速公路的主体，覆盖全国各地并与全球信息高速公路连接；“金关工程”促进了电子数据交换平台在海关的应用，实现了外贸行业的无纸交易；“金卡工程”则为我国创建了相对完善的电子货币系统。

1986年2月20日，国务院颁布《关于建立国家经济信息自动化管理系统若干问题的批复》，明确了电子政务初步建设目标。1996年，国务院各职能部门和全国各地方政府办公厅全部接入政府系统第一代数据通信网；1999年1月22日，在北京举办的“政府上网工程启动大会”成功召开，“政府上网”工程基本实现资料、档案、数据库、政府职能、专业化市场上网和国家机关“办公自动化”，将我国政府建设引入信息化、网络化的新阶段。2001年8月，中共中央和国务院成立国家信息化领导小组，进一步保障我国电子政务的迅速发展和信息安全。

20世纪80年代至90年代中期是我国办公自动化的第一个发展阶段，这一时期办公自动化的概念初步形成，办公方式从手工办公转向使用个人电脑、大型计算机、办公套件，实现了电子化的数据计算、数据统计、文件写作和信息共享，但缺乏应用系统和网络技术的支持，导致信息管理和来源受限。

20世纪90年代中期至21世纪初是我国办公自动化的第二个发展阶段，这一时期实现了工作流程自动化。随着局域网、因特网和广域网的发展以及网络互联技术和协同办公技术的进步，办公自动化系统不断完善，应用空间更加广阔，以工作流自动化的方式高效完成文件收发与处理等工作，大幅提高了政府部门的办公效率。

政府上网工程要重视互联网的引领作用，建立健全政务信息资源开发、利用、共享机制，不断强化对信息的采集和加工，促使信息资源形成集聚效应。

03　2.0时代：电子政务系统建设

2002—2014年是我国网络化政府高质高速发展阶段。在数字政府2.0时代，我国积极推进“政府上网”工程和网络型政府建设，进入数字政府建设中期。2002年国务院下发《关于我国电子政务建设的指导意见》（17号文件），正式确立了“两网一站四库十二金”的电子政务建设的基本框架并于2003年开始实施，为我国电子政务建设打下信息开发、建设、应用、安全等方面的基础。

除了信息技术上的创新外，数据资源的安全也备受重视。2008年3月28日，国务院颁布《中华人民共和国政府信息公开条例》；2007年8月13日，国家发展和改革委员会发布《国家电子政务工程建设项目管理暂行办法》。国家不断推出相关政策，首次从法治层面为信息技术的健康发展提供了强有力的保障。

2003年7月22日，温家宝总理在国家信息化领导小组第三次会议上强调“建设服务型政府”“要把信息化与改进政府管理结合起来，着眼于转变政府职能”，改善公共服务，优化政府职能。因此，“政府上网”工程建设等工作是21世纪第一个十年里网络政府建设的重要内容。

进入21世纪后，政府信息化能力和基础硬件设施水平都有了大幅提高，我国网络政府建设进入以“应用主导”为主要特征的阶段，在公共管理、公共服务等政务活动中有了越来越广泛的应用。各个国家机关可以通过网络政府等网络通信系统全面参与政务活动，利用先进的网络信息技术和办公自动化技术高效完成管理和服务工作，在工作中创新政务运作模式。

2015年10月，党的十八届五中全会审议通过“十三五”规划，会议强调了实施网络强国战略和“互联网+”行动计划的重要性，给政府管理和服务带来翻天覆地的变化。

04　3.0时代：开启数字治理新模式

随着物联网、计算机等现代化技术不断发展，人类社会进入了大数据时代。数字政府3.0建设是我国政府适应信息技术变革、快速向数字时代迈进的重要战略，也是数字中国最主要的表现形式。

2018年至今是我国数字政府3.0建设的关键时期。2018年6月10日，国务院办公厅印发《进一步深化“互联网+政务服务” 推进政务服务“一网、一门、一次”改革实施方案》，快速推动政府服务“一网通办”和全国一体化政务服务平台建设，各地区、各部门纷纷积极响应、认真落实数字政府建设的相关方案，全面深化“一网通办”革新。

2019年10月31日，党的十九届四中全会通过的《中共中央关于坚持和完善中国特色社会主义制度 推进国家治理体系和治理能力现代化若干重大问题的决定》明确指出“建立健全运用现代信息技术手段进行行政管理的制度规则，推进数字政府建设”。2020年10月26日，党的十九届五中全会提出“加强数字社会、数字政府建设，提升公共服务、社会治理等数字化智能化水平”。

加强数字政府建设对提高政府的运行、决策、服务、监管能力有显著效果，推动我国数字政府建设向高质量的方向发展。国家在多次会议、多项政策中强调数字政府建设，2019年10月，党的十九届四中全会指出“推进数字政府建设”，同时通过强化数据共享、平台建设和新技术应用来创新行政管理和服务方式。在这个时期，数字政府还是一项被单独推进的工作。

2020年10月，中央政治局主持召开党的十九届五中全会之后，我国开始同步推进数字政府、数字社会、数字经济和数字中国建设。2021年3月，国务院在十三届全国人大四次会议上发布《2021年国务院政府工作报告》，该报告指出“加快数字化发展，打造数字经济新优势，协同推进数字产业化和产业数字化转型，加快数字社会建设步伐，提高数字政府建设水平，营造良好数字生态，建设数字中国”，这是政府工作报告首次提及数字政府建设。此后，数字政府建设成为数字时代经济、社会、政府发展的新引擎。

随着发展速度日益加快，我国数字政府建设对发展质量提出了更高的要求。自我国开始推进数字政府建设以来，数字政府建设的各个阶段都存在许多争议因素，这些因素对数字政府的建设方向、建设模式造成了重要影响，对政府治理模式变革产生了一定的干扰。当出现这种情况时，我国的行政法要及时顺应数字政府建设及社会的变化，在法治层面为社会治理模式的革新提供强有力的保障。

行政法是法治国家建设的重要组成部分，要与国家建设同步。也就是说，社会改革必须对行政法进行研究，因为行政法的研究内容是在实践中实现理论和理论体系的更新重塑，所以改革过程中的诸多实践活动一定会影响到行政法学的研究内容，对行政法学的革新起到促进作用。

数字政府建设是以信息技术和网络通信技术为基础，管理数字化、信息化的公共事务或提供公共服务的新型管理模式，也是在行政方面的革新；从概念上看，行政法是调整行政法律关系的法律规范的总称。因此，数字政府建设可以看作一种从研究对象、研究内容层面推动行政法革新的手段。

第十一章
数字治理：我国数字政府建设思路

01　顶层设计：驱动政府数字化改革

2015年，党的十八届五中全会将大数据写入党的全会决议作为国家战略，国务院发布《促进大数据发展行动纲要》。2016年起，国务院印发《关于加快推进“互联网+政务服务”工作的指导意见》和《关于印发“互联网+政务服务”技术体系建设指南的通知》等多项政策指导“互联网+政务服务”建设工作，各地政府积极推进全国一体化网上政务服务平台建设，助力政务服务实现跨地域、跨业务、跨部门、跨层级、跨系统“一网通办”，着力推动政务服务“指尖办、掌上办、刷脸办”和办事现场“最多跑一次”，让群众足不出户办理更多事项。

2017年，“数字政府”一词开始出现在政府管理领域。2018年8月，广西发布《广西推进数字政府建设三年行动计划（2018—2020年）》，落实数字政府的多项具体建设任务，广东、江苏等多个省份也发布了数字政府建设规划并进行实践，我国数字政府建设从理论到实践均取得了不错的进展。2019年10月，党的十九届四中全会召开后，各级政府纷纷将“推进数字政府建设”作为数字化“一号工程”，不仅如此，“数据多跑路、百姓少跑腿”“政务服务只跑一次”“一次都不用跑”等口号也逐渐落地。当新冠肺炎疫情来临时，数字化治理手段更是起到关键作用，实现高效“抗疫”。在此阶段，我国数字政府建设进入快速发展阶段。从中央的角度看，2012年11月，党的十八大召开后，党中央将推动网络安全和信息化工作作为重中之重，并多次发布相关文件指导信息化和数字化建设。例如，2016年7月，国务院印发《国家信息化发展战略纲要》，同年12月再次印发《“十三五”国家信息化规划》，这两份文件强调了以信息化推动国家治理和建设数字中国的重要性，并对实施网络强国战略、深化“互联网+政务服务”等工作做出部署。

2018年4月，全国网络安全和信息化工作会议在北京召开，会议强调“要运用信息化手段推进政务公开、党务公开，加快推进电子政务，构建全流程一体化在线服务平台，更好解决企业和群众反映强烈的办事难、办事慢、办事繁的问题”。

2019年10月，党的十九届四中全会召开，会上首次明确提出“推进数字政府建设”，将信息化、数字化纳入国家建设规划，要求以信息化技术提高政府部门的履职能力。2020年10月，党的十九届五中全会召开，数字政府再次作为国家治理工作中的重点被提及，会上着重指出数字政府是数字化发展的三大支柱（数字经济、数字政府、数字社会）之一，数字化转型对数字政府建设来说意义非凡。

2021年3月11日通过的《中华人民共和国国民经济和社会发展第十四个五年规划和2035年远景目标纲要》（以下简称“十四五”规划）中的第五篇“加快数字化发展，建设数字中国”提出“迎接数字时代，激活数据要素潜能，推进网络强国建设，加快建设数字经济、数字社会、数字政府，以数字化转型整体驱动生产方式、生活方式和治理方式变革”。

2021年8月，中共中央和国务院联合发布的《法治政府建设实施纲要（2021—2025）》的第九条“健全法治政府建设科技保障体系，全面建设数字法治政府”对我国数字政府法治建设做出了新的指示，有助于提高我国法治政府建设的数字化水平。

从地方的角度来看，随着越来越多的中央文件提及数字政府，各地方政府积极响应号召，迅速制定数字政府建设行动规划，并将数字政府建设作为推动行政体制和城市建设数字化转型的关键。

2018年8月，广西率先发布《广西推进数字政府建设三年行动计划（2018—2020年）》，确立推进一体化基础支撑体系建设、推进数据资源共享开放、推进宏观决策大数据应用、推进数字化市场监管、推进数字化生态环境治理等任务。同年，广东、浙江、江苏也相继发布数字政府建设规划。

根据2021年3月中国信息通信院发布的《数字时代治理现代化研究报告（2021年）》，截至2020年底，已有超过4成省级行政区发布了专门的数字政府建设文件，专门组建负责统筹当地数字政府建设的领导小组，并由当地最高负责人担任组长，除此之外也有不少省份发布了涉及数字政府建设的相关规划。

在政策方面，国家发布了《国务院关于在线政务服务的若干规定》和《“十三五”国家信息化规划》等若干文件来对网络政府进行规范；有25个省级行政区陆续推出与数字政府建设相关的政策和方案，其中部分省份还在持续更新相关文件。在体制机制方面，中国行政管理学会会长江小涓在中国行政管理学会2021年会上表示，“截至2021年5月，全国有28个地区成立了省级政务服务或数据管理工作机构”，国务院也已经搭建好全国一体化在线政务服务平台并组建了管理协调小组。

02 机制创新：数据要素市场化配置

数据是数字经济中比较关键的生产要素，随着数字经济持续发展，加速推进数据要素市场化配置将成为数据供需积累过程中的必需操作，也是经济数字化、数据经济化的必然结果。

2014年3月，“大数据”首次被写入政府工作报告，引发了国内各界的热烈讨论。2015年8月，国务院印发《促进大数据发展行动纲要》（国发〔2015〕50号），该文件指出“数据已成为国家基础性战略资源”。2016年3月，我国发布“十三五”规划纲要，正式将实施国家大数据战略提上日程。2017年10月，党的十九大报告中明确提出“加快推动大数据与实体经济深度融合发展”。

2020年4月9日，中共中央、国务院颁布《关于构建更加完善的要素市场化配置体制机制的意见》，提出完善数据、土地、资本、技术、劳动力五要素市场化配置，促进各要素自主有序流动。同年5月11日，中共中央、国务院发布《关于新时代加快完善社会主义市场经济体制的意见》，该意见第四条指出“构建更加完善的要素市场化配置体制机制，进一步激发全社会的创造力和市场活力”。

2021年3月，“十四五”规划对外发布。据中国通信院统计，在此次“十四五”规划稿中，“数据”和“大数据”两个词频频出现，其中

“大数据”出现14次，“数据”出现60多次。政府频繁发布大数据相关政策文件，在政策上为培育数据要素市场提供支持，有助于我国大数据产业的蓬勃发展和技术、基础设施、融合应用的持续进步。

培育数据要素市场有助于解决信息鸿沟和信任鸿沟问题，构建数据资源“要素化”治理体系，提高数据资源统筹开发利用效率，让数据发挥出最大价值。对于数据要素来说，要激发新动能、开拓新方向、发现新特征，快速培育数据生态体系。

随着网络、计算机等技术飞速发展，有越来越多的数据化信息进入人们的生产生活，使得人类社会逐渐发展为以知识和信息为基本动力的数据化信息社会。回顾“十三五”时期发现，我国大数据产业在这一时期发展迅猛。2021年4月，国家工业信息安全发展研究中心发布《中国数据要素市场发展报告（2020—2021）》，指出我国2020年数据要素市场规模达到了545亿元。当我国大数据产业与实体经济的融合越来越深入、产业规模越来越大时，数据要素的属性也变得越来越清晰。

“十四五”时期，我国要在数据要素的市场化配置、潜在价值以及与实体经济的融合等方面继续深入思考。数字政府建设并非一朝一夕之功，要经历一个漫长艰难的过程，其中体制机制改革往往是第一要务。大部分省份通常会直接组建专门的大数据管理部门，从数据统筹和治理入手推动不同地区、不同部门之间政务数据的开放、共享和利用，推动政府更快地走向数字化。

2021年12月，中国软件评测中心举办2021年数字政府服务能力评估暨第二十届政府网站绩效评估结果发布会。根据评估结果，截至2021年11月底，我国有23个省级行政区设立了大数据管理机构。

大数据管理机构通常属于事业单位、部门管理机构或政府直属机构，可以采用加挂牌子、重组相关部门职能、增加原有职能部门职责三种方式来组建，其职责重心通常在宏观战略规划和推进数字产业发展方面，忽略了对统筹整合政府数据资源的关注。

部分省份还会组建由政府管理人员带队的数字政府建设领导小组来统筹推进数字政府建设、协同各部门工作。2021年数字政府服务能力评估结果显示，截至2021年11月底，我国有21个省级行政区组建数字政府建设领导小组。以广东省为例，省政务服务数据管理局牵头组建数字政府改革建设工作领导小组，建立统一领导的全省“一盘棋”工作机制推进数字政府建设。不仅如此，数字政府省级专家委员会也参与到数字政府建设工作中，提供技术、顶层设计、总体规划等方面的支持，从而提高政府决策的科学化水平。

03　智慧政务：“互联网+政务”模式

近年来，我国高度重视互联网与各领域的融合发展，“互联网+”作为时代发展的大趋势，将迎来与电子政务的深度融合。“互联网+政务”不仅是政府治理理念、服务机制变革的新模式，也是电子政务发展的新方向。

“互联网+政务”将成为电子政务发展的新方向

（1）电子政务顶层设计将更加依托互联网。

互联网技术的不断发展使得社会公众的信息需求更加旺盛，这时的电子政务势必要跟随时代发展的脚步与互联网相结合，以满足公众多样化、个性化的需求。作为“互联网+”技术优先覆盖的领域，电子政务在顶层设计上将更加依托互联网，在现代智能技术的作用下构建全新的电子政务系统，为社会公众提供精准化、智能化的电子政务服务。技术创新与政府管理创新的融合将成为电子政务下一步发展的主要趋势。

（2）电子政务的发展理念将更加贴近互联网。

在国家战略的指导下，“互联网+”将赋予电子政务用户个性化需求、服务供给等新发展理念，其中最核心的理念是“以用户为中心”，即针对用户的多样化、个性化需求有针对性地为其提供相应的服务。

“互联网+”时代下的电子政务只有灵活运用互联网思维，以用户需求为中心，为用户提供定制化在线政务服务，才能推动电子政务实现个性化发展，提高政务服务效率和质量。未来，电子政务的发展理念将更加贴近互联网，推动“互联网+政务”的发展模式快速形成，促使社会整体信息化水平得到大幅度提高，进而更好地保证网络安全，创造一个更好的舆论环境。

（3）电子政务建设更加依赖互联网。

在大数据时代背景下，国家战略的实施离不开“互联网+”大环境的支持，而电子政务作为国家的重点战略，其建设发展同样离不开互联网的支持。目前，我国电子政务虽然已经取得了有效发展，但依然存在信息资源匮乏、信息服务功能不齐全、信息安全不足等问题，给电子政务的发展造成了严重阻碍。

而在“互联网+政务”的发展模式下，电子政务发展面临的各种难题将得到有效破解，各项政务系统建设和应用开发也会有计划地开展与推进，社会公众将体验到定制化、全天候的电子化信息服务，政府与社会公众的互动性和连接性将进一步加强。

“互联网+政务”的建设重点

（1）构建在线政务服务的标准化体系。

政府信息化建设是一个漫长而复杂的系统工程，我国电子政务建设先后经历了办公自动化、“三金工程”实施、政府上网和电子政务四个阶段。从政府上网阶段开始，我国政务信息化建设就取得了实质性突破。

目前，我国正处于电子政务融合发展阶段，电子政务在线办理虽然已经成为现实，但其政务服务标准不够统一，在线服务功能不够齐全，在线办理流程不够规范，用户的部分需求无法得到满足。为此，我国必须充分发挥“互联网+政务”的优势，构建一个科学、系统的在线政务服务标准化体系，优化政务办理流程，建立健全政务信息服务功能，最大限度地整合和共享信息资源，为社会公众提供定制化、个性化的在线政务服务。

（2）建立线上、线下相结合的O2O政务服务体系。

作为一种线上、线下相结合的新型服务模式，O2O政务服务体系是“互联网+政务”建设的重要方向。在O2O政务服务模式下，公共服务渠道得到了有效拓展，公共服务资源实现了优化配置，社会公众业务办理流程不断被简化，实现了从被动受理向主动受理、从单独受理向统一受理的转变，推动电子政务的应用和服务实现了新的变革。

为了更好地推动O2O政务服务体系建设，政府部门应当以在线政务供给方和需求方的差距为出发点，面向社会各群体收集不同的信息，并对社会公众具体的服务使用模式进行管理和分析，将线上预约与线下服务办理相结合，以满足社会公众个性化、定制化的全天候在线政务服务需求。

（3）开放公共数据建设智慧政府。

智慧政府建设需要以智慧电子政务建设为基础，而智慧电子政务的建设又需要以公共政务数据建设为支撑。大数据技术是“互联网+政务”发展模式的原动力。为提升政务服务效率、实现各部门之间的信息共通与共享，政府应当挖掘、整合大量公共政务数据，以动态化的大数据标准体系建设为重点推动政府职能创新。

同时，智慧政府建设要以社会公众需求为中心，基于数据开放共享平台，在社会公众与数据之间建立公共数据共享机制，推动政府数据信息资源向社会公开，实现公共数据共享。此外，为了加大“互联网+政务”建设力度，政府需要在医疗、教育、交通等重点领域建设公共信息资源整合共享应用试点，以便实时追踪、监测、预警重大项目的实施与推进过程，切实提升公共数据的共享应用效能。

04 国外数字政府建设的经验与启示

目前，全球各国都在积极推进数字政府建设。2021年，德勤研究中心发布以政府的数字化趋势为主题的研究报告，该报告显示，当前各国政府数字化转型进度参差不齐，大多数国家刚刚进入起步阶段，少数国家已发展至成熟期。从区域分布上看，欧洲各国的数字化转型一直走在前列。

2020年7月，联合国发布《2020联合国电子政务调查报告》，该报告显示，2018—2020年，全球电子政务发展指数（E-Government Development Index，EGDI）从0.55提高到0.6065，全球五个区域的国家电子政务水平均有所提升，其中，欧洲的EGDI仍旧遥遥领先，位居全球第一，其次是亚洲、美洲、大洋洲、非洲。

2021年12月，日本早稻田大学发布《第16届（2021年）早稻田大学国际数字政府评估排名报告》，在此次调查中位列前十的国家和地区依次是丹麦、新加坡、英国、美国、加拿大、爱沙尼亚、新西兰、韩国、日本、中国台湾地区。由此不难看出，西方发达国家目前的电子政务水平相对较高。中国的排名正随着电子政务水平的进步稳步上升，在此次调查中排名第四十九。

一些西方国家在意识到数字化将会在治理方面产生极大影响后，相继出台相关文件推动数字政府建设，并持续升级迭代。2018年，澳大利亚发布《政府数字化转型战略（2018—2025）》，指出澳大利亚政府要以量子、区块链、人工智能等技术为驱动力，推动全面数字化转型，在2025年到来前成为“全球三大数字政府”之一，成为各国数字化转型的学习模板。

2017年，美国众议院通过《政府技术现代化法案（2017）》，该法案指出美国要基于以前的数字化转型经验进一步提高联邦政府信息网络的安全保护能力，建立IT资本专项基金，推动数据云化等IT现代化升级方案落地。2017年，英国政府出台《政府转型战略（2017—2020年）》，从业务、技术、管理、数据、平台五个方面确立了英国政府到2020年需要达到的目标，并对之后的发展进行了构想。

2014年，新加坡公布《智慧国家2025计划（2015—2025年）》。新加坡政府积极利用大数据技术助力“智慧国家”建设，推动数字技术在交通、健康、政府服务、城市生活等领域的大规模应用，推广相关政策和措施，发展数字经济，创建数字社会，为公民提供更及时、更优质的公共服务。

2019年，韩国发布《数字政府革新推进计划（2019）》，提出政府在2022年之前将投入超过7200亿韩元的资金，促进数字政府转型，推动身份证、各类证明等实现电子化，通过这种方式提高政府服务效率，以定制化服务等方式优化国民体验。

总而言之，在国外的数字政府建设中，新兴数字技术和数据驱动受到的关注度比较高，建设重心通常放在信息化、线上化方面，目前逐渐转向“开放型政府建设、用户驱动、业务流程再造”。大多数西方国家会将对政府的理念文化、业务流程、组织架构、人员能力、制度标准等深层次要素的要求纳入数字政府建设规划，构建“利用技术赋能、以用户为中心、数据驱动整体治理”的转型之路。

信息技术的迅猛发展和新兴科技的不断迭代带来了全球性数字化转型的热潮。为满足公民需求、提升政府服务水平，世界主要发达国家在积极制定数字政府转型战略与规划，将传统政府升级为共享、开放、高效的现代化数字政府。站在全世界的角度来看，数字政府建设是全球科技革命和发展融合带来的必选项。目前，信息化发展水平已经成为衡量一个国家现代化水平的重要参数。站在国家的角度来看，在各国的数字化转型计划中，先行布局的往往是数字政府，因此，我国也要紧跟国际数字化的发展步伐，推动电子政务快速发展。部分西方国家现行的数字政府战略如表11-1所示。

表11-1　部分西方国家现行的数字政府战略

国家	战略规划	远景目标
丹麦	数字化战略（2016—2020年）	将公共部门数量作为促进增长的推动力，建设一个灵活的、极具适应性的社会及数字化程度更高的国家
新加坡	智慧国家2025计划（2015—2025年）	利用科学技术为民众创造更加舒适且充满意义的生活，利用互联网、物联网、数据分析和通信技术，提升民众生活质量、增加商业机会、促进种族团结

续表

国家	战略规划	远景目标
英国	政府转型战略（2017—2020年）	加快推进政府数字服务，强化“数字政府即平台”理念，促进政府跨部门建设共享平台，提高政府数字服务效能，改善民众和政府之间的关系
美国	政府技术现代化法案（2017）	成立美国技术委员会，构建更加现代化、更加安全的联邦信息技术系统架构，提升政府信息网络的安全保护水平，更好地提供公共服务与智能化决策
韩国	数字政府革新推进计划（2019）	适应以人工智能、云计算等尖端信息通信技术为主导的数字化转型趋势，以提升工作效率、更好地为民众服务为目的，改善现有的电子政府服务
瑞典	数字战略：瑞典可持续转型（2017）	通过改善数字技能、数字安全、数字创新、数字领导、数字基础设施，使瑞典在数字变革中走在世界前列
澳大利亚	政府数字化转型战略（2018—2025）	通过建设开放式的政务数据库，改善公共服务交付方式，在2025年前建成“全球三大数字政府”之一

第十二章
数智赋能：政务大数据的应用场景

01　政务大数据的分类与特性

从广义上看，政务大数据指的是政府工作开展过程中产生的数据，或者政府为了开展某项工作而采集的外部数据。从狭义上看，人们通常将政府拥有及管理的数据统称为政务大数据，包括公安、交通、医疗、卫生、就业、社保、地理、文化、教育、科技、环境、金融、统计、气象等多种类型的数据。下面对政务大数据的分类、特性进行具体分析。

政务大数据的分类

从数据类型来看，政务大数据拥有五种独特的数据类型，如表12-1所示。

表 12-1　政务大数据五种独特的数据类型

数据类型	具体内容
只有政府有权利采集的数据	包括资源类数据、税收类数据、财政类数据等
只有政府才能获取的数据	包括建设类数据、工业数据、农业数据等
因为政府活动产生的数据	包括城市基建、交通基建、医院、教育等数据
政府履行监管职责获取的数据	包括人口普查数据、食品药品管理数据等
政府提供服务的消费数据与档案数据	包括水电、社保、医疗、交通、公共安全、教育服务等数据

从数据属性来看，政务大数据可以划分为四种类型，分别是自然信息类数据、城市建筑类数据、城市健康管理统计监察类数据、服务与民生消费类数据，具体如表12-2所示。

表 12-2　政务大数据的四种类型

数据类型	具体内容
自然信息类数据	主要包括地理、资源、气象、环境、水利等数据
城市建筑类数据	主要包括交通设施、旅游景点、住宅建设等数据
城市健康管理统计监察类数据	主要包括工商、税收、人口、机构、企业、商品等数据
服务与民生消费类数据	主要包括水、电、燃气、通信、医疗、出行等数据

政务大数据的特性

一般来说，大数据具有四种特性，分别是数据量大、数据产生速度快、数据类型多、数据有价值。政务大数据除这四大基本特性外，还有一些独有的特点，包括真实性、原始性、完整性、公正性、可持续性、可处理性以及可开放性，具体如表12-3所示。

表 12-3　政务大数据的七大特性

特性	具体表现
真实性	政务大数据是各机关、各部门在获得行政许可的前提下依法采集的，要求被采集对象如实汇报。因此，政务大数据是真实的，而且具有法律效力
原始性	政务大数据直接面向企业、家庭、个人进行采集，都是原始的、可靠的数据
完整性	政府部门采集数据的目的往往十分明确，就是为了完成某项工作。所以，政府部门采集的数据必须是完整的，至少不会因为某一类数据缺失导致工作无法开展
公正性	政府部门数据采集涉及的社会组织与个人要主动履行相关义务，如实填写信息。另外，为了保证数据安全，没有获得授权的机构与个人不得使用政务数据，获得授权的机构与个人不能超范围使用政务数据
可持续性	政务数据可以根据需要定期采集，例如，社保信息、医疗数据等，数据采集是一个持续的过程
可处理性	政府部门采集政务数据是为了履行行政职能，各类政务数据之间有清晰明确的内在关系，数据结构合理，便于进行自动处理
可开放性	政务数据应该取之于民、用之于民，任何机构和个人不得将政务数据据为己有，用其牟取私利。在确保国家安全、组织与个人利益不受侵害的前提下，政府部门可以公开部分政务数据。如果某机构与个人想要使用政务数据，必须向有关部门提交申请

02　政务大数据的十大应用场景

随着政务大数据快速发展，国内外出现了很多经典的应用案例。但在我国，因为政务大数据的采集还不成熟，数据开放程度比较低，无法实现跨领域应用，所以政务大数据的应用尚处在起步阶段。未来，随着数据标准逐渐规范，开放程度不断提高，政务大数据将在城市规划、环境保护、交通管理、公共安全等领域实现广泛应用。

城市规划

政务大数据在城市规划领域有广阔的应用空间。城市规划是一个非常复杂的问题，涉及交通、医疗、教育、居住、公共服务等很多内容。政务大数据可以利用丰富的信息为城市规划提供强有力的支持，提高城市管理的科学性与前瞻性。

在新城规划方面，政府部门通过对地理、人口等数据进行分析，可以对城市未来的人口数量与增长趋势做出科学合理的判断；可以根据发展规划合理地设置各种功能区，包括居住区、工业区、办公区、物流园、医院、公安局、大学城、图书馆、博物馆、体育馆等。

在老城区规划方面，政府部门可以通过对经济发展速度的分析，结合人口数量以及人口结构的变化，有计划地对老居住区和工业区进行拆迁或升级，对城中村进行改造，进一步丰富城市功能，改善城市环境，让城市规划变得更科学、更合理。

交通管理

政务大数据应用于交通管理，可以解决交通行业现存的各种问题。例如，交通管理部门可以通过对道路交通、公共交通、对外交通等数据进行分析，结合环境、人口、土地、气象等数据创建交通大数据平台，对道路交通状况做出精准预测，并积极创新交通大数据服务模式，为居民出行提供智慧交通服务，对私家车进行智慧管理。此外，交通管理部门可以通过对道路交通状况进行实时分析，对突发的交通事故做出快速响应，提前发布交通拥堵提醒，快速制订疏散方案，提高应急调度的速度与效率，为交通决策提供科学依据。

公共安全

政务大数据应用于公共安全领域，可以切实提高自然灾害、人为事故、恐怖事件的发现效率，提高安全防范能力与应急处理能力。为了更好地利用政务大数据，公共安全管理部门可以对相关领域的大数据进行整合，创建基于大数据的公共安全管理和应用平台，为治安防控、反恐维稳、情报研判、案情侦破等提供强有力的支持。

此外，公共安全管理部门还可以收集辖区内的宾馆、网吧、火车、民航、道路交通监控视频、犯案人员的基本信息等数据，创建大数据资源库，加强对重点区域以及重点单位的监测预警，切实提高对公共安全突发事件的响应速度，提高案件侦破效率。

环境保护

环境保护部门可以通过收集某个地区的土壤、气候、植被、水质等信息，利用大数据对这些信息进行处理，实现对当地生态环境的动态监测，为环境规划、环境治理提供科学依据。例如，环境保护部门可以利用传感器收集水质信息，包括水温、水中的溶解氧含量、氨氮含量、水的pH以及电导率等，将这些信息与之前的水质信息进行对比，判断水质发生的变化，并对未来水质可能发生的变化进行预测，为水质变化应急管理决策提供支持。这种方法同样适用于土壤、植被、空气等的变化监测。

农业

在绿色发展、可持续发展理念下，我国农业要顺应智能化发展趋势，不断调整产业结构，积极引入人工智能、大数据等新技术，推动传统的、粗放式的农业生产转向智慧化生产、精细化生产。

农业管理部门可以收集农业相关信息，利用大数据技术对这些信息进行处理，对农业未来的发展态势进行预测，提前做好应对措施。例如，农业管理部门可以通过收集各地的降雨情况、气温变化、土壤情况、各类农作物的种植情况等，对各类农产品的产量进行预测，为农作物储存、农业服务等政策的制定提供科学依据。

制造业

随着人工智能、大数据等技术快速发展，制造业转型已经成为一个热门话题。大数据在制造业领域的应用，可以帮助制造企业在事关生死存亡的问题上做出正确决策。例如，制造企业可以通过收集生产、销售、能耗、财务等数据，利用大数据技术对这些数据进行处理，实时掌握产品生产情况、设备运行情况、能耗情况，并据此调整生产方案，降低生产成本，做好产品质量管控，提高企业竞争力。

医疗卫生

医疗行业可以通过收集医疗、药品、医疗器械等信息创建医疗大数据平台，优化医疗资源配置，创新患者的就医模式，为患者提供就医导航服务，缩短就医流程；指导患者进行健康自查，让患者足不出户就可以完成疾病诊断；进行流行病跟踪与分析，对疫情进行监测与处置，提高流行病的处置速度与效率；将人工智能引入临床诊断，为临床诊疗决策提供支持与辅助等。

此外，医疗机构可以利用大数据技术及时发现各地可能发生的疫情与多发性疾病，提前制定干预措施，提高处置效率；药物研发机构可以利用大数据提高药物研发能力，缩短药物研发周期；患者可以利用大数据选择合适的医生，提高疾病诊断的精准度；卫生服务机构可以利用大数据对患者个体医疗档案进行分析，为其提供长期健康管理服务。

食品安全

食品安全关乎居民安全、社会稳定，是一个不容忽视的问题。过去，我国食品安全监管最常用的方法就是抽样检测，很容易发生漏检、检测结果不准确等问题。在大数据的支持下，食品安全监管部门可以对食品安全监管数据、食品检验监测数据、食品生产经营企业索证索票数据、食品安全投诉举报数据等进行整合，创建食品安全大数据平台，及时发现食品问题，为食品溯源提供强有力的支持，最大限度地消除食品安全管理方面的漏洞，为我国食品安全提供强有力的保障。

终身教育

教育部门可以整合各种教育资源创建教育大数据服务平台，迎合全民学习、终身学习的发展趋势，通过对学习者的行为数据进行收集、分析，发现其感兴趣的学习内容，有针对性地为其提供学习服务。此外，教育大数据服务平台可以促使各类教育资源实现共享，切实提高教育资源的利用率，为优质教育资源的开发与利用提供支持，满足学习者的个性化学习需求与终身学习需求。

电力

随着新基建快速推进，各地的智能电网建设逐渐提上日程，智能电网建设、维护与管理离不开大数据的支持。电力企业要收集电厂实时运行数据，利用数字孪生技术建立电厂的数字仿真模型，为电力生产决策提供依据，包括加大电力生产、提高发电效率、降低单位发电的能耗、优化用电指标等。此外，电力企业还可以通过收集、分析电力资产状态数据，为电力资产在线状态检测、电网运行在线监控、电网安全预警、电网调度维修与保护等提供支持，保证电网运行安全；还可以通过对企业与家庭的用电数据进行收集分析，做好电力调度与负荷预测，提高用电需求响应速度与效率，为投资决策提供强有力的支持。

随着数字城市建设快速推进，政务大数据的应用范围不断拓展，将在各个领域表现出巨大的应用价值。

03　基于政务大数据的精准治理模式

政务大数据用于科学决策

政府是国家进行行政管理的机构，依法履行行政决策的职能。从某种程度上说，政府决策的对错直接影响着一个国家的兴衰以及人民的福祸。

政府想要保证决策的正确性，必须对事物有正确的认知，把握事物的内在发展规律。对于政务大数据来说，辅助决策是首要用途。政府部门已经养成了使用数据进行决策的习惯，但受各种客观条件的限制，政府部门使用的数据大多是通过统计分析或抽样调查获得的，其中存在很多风险。

例如，在抽样调查的过程中，如果样本选择不正确，或者样本数量不足，很有可能导致抽样调查的结果存在问题。如果政府依据这种结果决策，很有可能导致决策失误。另外，传统的数据分析方法大多着眼于单一的数据，没能对不同领域的数据进行融合，无法从多个维度反映事物的真相。

政府部门利用大数据决策，可以更好地把握事物发展的内在规律，了解事物的真相，最大限度地避免抽样调查带来的潜在风险。从某种程度上说，政府部门以政务大数据为依据进行决策是保证决策科学、正确的重要举措。

政务大数据用于精细化管理

作为行政管理机构，政务部门要履行社会管理职能。随着社会不断发展，政府部门的社会管理要摒弃粗放式管理模式，摒弃笼统、模糊的管理要求，采用具体、明确的量化标准，明确各项工作目标，细化各项工作的考核标准，开展精细化管理。

政务大数据是政府开展精细化管理的重要工具。目前，政府部门已经掌握了海量管理数据，并开始尝试利用大数据技术对这些数据进行分析，根据分析结果进行社会管理，其中一个典型案例就是北京市东城区创建的“万米网格化管理平台”。

政务大数据用于精准化社会服务

我国政府管理一直遵循“从群众中来，到群众中去”“从群众最关心、最迫切的问题入手，着力解决关系群众切身利益的问题，解决群众身边的不正之风问题，把改进作风成效落实到基层，真正让群众受益，努力取得人民群众满意的实效”的理念。

为此，政府管理首先要明确群众最关心的是什么，最迫切需要解决的问题是什么。借助政务大数据，政府可以准确、高效地了解社会、家庭乃至个人对公共服务的需求，并有针对性地为其提供服务，实现精准化管理。

同时，政府部门利用政务大数据可以更快、更准确地了解社情与舆情，对某个事件的发展态势做出精准预测，提前制订应对方案，为人们提供更精准、更周到、更加个性化的服务，促进国家和社会发展，切实提高人民的幸福指数。政府部门在利用政务大数据带给人民更优质的服务的同时，也要鼓励社会各界积极利用公共大数据，推出专业化、多元化、个性化的服务，与政府服务互为补充、互相竞争、共同发展。

04 政务大数据的生态构建与落地策略

我国大数据产业的发展现状

近年来，我国积累的各种类型的数据越来越多，在大数据应用方面积累了丰富的经验，为政务大数据生态的构建奠定了良好的基础，具体表现在以下几个方面。

（1）信息化积累了丰富的数据资源。

随着信息化战略持续推进，我国的信息化水平越来越高，对数据资源的采集、挖掘与应用水平也越来越高。一方面，我国政府网站建设取得了巨大成就。根据中国互联网络信息中心（CNNIC）发布的第48次《中国互联网络发展状况统计报告》，截至2021年7月，我国正在运行的政府网站数为14537个。另一方面，我国智慧城市建设稳步推进。截至2020年4月初，住建部公布的智慧城市试点数量达到290个。如果对科技部、工业和信息化部、国家测绘地理信息局、国家发展改革委确定的智慧城市相关试点数量进行统一计算，我国智慧城市试点数量累计达到749个。随着我国政府部门以及各类企业积累的数据越来越多，我国将成为数据类型丰富、数据规模庞大的国家之一。

（2）大数据技术创新取得了明显突破。

近年来，国内一些科技企业不断加大在大数据领域的研发力度，推出很多大数据基础平台以及数据分析工具，一些信息服务企业也开始面向特定领域提供数据服务。在平台建设方面，阿里巴巴、腾讯、百度等互联网龙头企业全面推进大数据平台建设，服务器单集群规模达到上万台，具备足够的技术实力运维超大规模的大数据平台。在智能分析领域，互联网科技企业在人工智能、语音识别、图像识别、文本挖掘等领域全面布局，在核心技术领域取得了重大突破。此外，我国互联网科技企业还在开源技术领域持续发力，并取得了不错的成绩。

（3）大数据应用推进势头良好。

大数据在电商、广告、网络社交等领域的深度应用，极大地提升了这些领域的智能化水平，催生了一系列新兴业态；大数据在传统产业的渗透应用，颠覆了企业传统的生产方式与管理模式，对制造业的数字化、智能化转型产生了积极的推动作用；大数据在电信、金融、交通等领域的应用，为这些行业创新业务模式与服务方式；大数据在市场营销领域的应用，能精准绘制用户画像，对客户进行细分；大数据在金融保险领域的应用，能够起到提前预知风险，提升风险防控能力，提高信用评估的准确性等作用。

（4）大数据产业体系初具雏形。

大型数据中心实现了集约化发展，跨地区的互联网数据中心越来越多；云计算服务越来越成熟，云计算平台能够处理的数据量越来越大，为大数据提供了强大的计算存储能力。此外，随着各项技术不断发展，企业的探索实践越来越多，大数据资源建设、大数据技术以及大数据应用领域也出现了很多新业态，逐渐形成了以龙头企业为主导，上下游企业全面协作的产业格局。

（5）大数据产业支撑能力日益增强。

在相关机构与企业的共同努力下，大数据标准化工作机制以及大数据标准体系逐渐形成，围绕大数据技术、工业大数据、大数据开放共享的国家标准的制定工作也逐渐被提上日程，一批大数据技术研发实验室、大数据产业联盟、大数据投资基金、大数据工程中心等组织与机构相继出现，与大数据有关的法律法规也不断完善。

政务大数据生态构建与落地

目前，对于政府来说，数据已经成为价值最大、最重要的资产。想要推动政务大数据实现健康、稳定、可持续发展，政府部门必须积极推进政务大数据生态建设，具体做法如下：

（1）政务大数据生态的创建需要三个步骤来完成：第一，利用云平台与云基础设施创建一个基础环境；第二，从宏观层面对政务大数据生态建设进行规划，持续推进各类应用系统建设，为各类数据融合与落地应用奠定良好的基础，为政务大数据生态建设提供强有力的保障；第三，开放政务大数据，拓展政务大数据的应用范围，吸引更多企业与机构加入政务大数据生态建设。

（2）政务大数据生态的创建需要以一个可以实现持续应用的平台运营体系为支持，这个平台运营体系有两大支撑点，其中，一个支撑点是硬件，主要包括云、开放服务能力平台、数据畅通服务平台；另一个支撑点是服务，主要包括智慧服务的体系资源、设计与运营，服务整合与适配，生态圈伙伴增值推广。

（3）政务大数据生态的创建要找到合适的落脚点，要坚持以数据为中心。谁能掌握数据，谁就能在政务大数据生态建设过程中掌握主动权。政务大数据生态建设可以从市区级大数据中心建设切入，采取众包方式吸引社会资源参与，形成典型的示范应用与案例，并将这种成功的经验应用到省级或者区域级大数据中心建设中来。对于外部数据，政府部门可以采用网络爬虫等技术和众采众包等模式进行采集与整合。

（4）政务大数据最终要为政府、企业与公众提供服务。从政府的角度来看，基于大数据的态势分析、预判预警等功能和应用可以切实提高政府的综合治理能力与决策能力；从企业的角度来看，基于大数据的信息情报和资讯等服务可以丰富企业的信息来源，缩短企业获取信息的路径与时间；从公众的角度来看，政务大数据的应用可以让其获得更加便捷的政府服务与数据服务。

第十三章
政务上云：智慧政务云平台的构建路径

01 打破“信息孤岛”与“数据烟囱”

作为多种计算机技术融合的产物，云计算在信息时代实现了巨大突破，将对人们的生产生活方式和信息产业发展格局产生重大影响。近年来，世界各国高度重视云计算的技术发展和产业创新。对于部分发达国家而言，云计算已经成为他们增强国家核心竞争力、推动经济高质量发展的重要手段，是重点扶持的对象和战略性产业。

云计算作为推动我国新一代信息技术实现跨越式发展的重要技术，近年来受到国家的高度重视和产业政策的大力支持。早在2010年10月，国务院就发布了《国务院关于加快培育和发展战略性新兴产业的决定》，将云计算列为战略性新兴产业之一。

2012年5月，工业和信息化部又发布了《通信业“十二五”发展规划》，提出要积极发展云计算服务，统筹云计算基础设施布局，鼓励企业整合资源，共享共建云计算基础设施。后来，国家又相继出台了多项政策，鼓励云计算产业发展和创新。在政务领域，我国云计算实现了有效应用。

云计算在政务领域的应用

云计算电子政务平台作为政务信息资源共享平台，是云计算在政务领域主要的应用形式，其功能是集中处理、共享信息资源。

（1）云计算电子政务平台作为一个政府管理平台，以云计算技术为支撑，通过信息化手段对政府管理职能和服务职能进行优化、整合和重组，为社会公众提供精简、优质、透明的业务流程办理和职能服务。

（2）政务信息资源共享平台是云计算电子政务平台主要的应用形式。借助这个共享平台，系统中的“信息孤岛”和重复建设等问题都能得到有效解决，这主要得益于云计算电子政务平台对电子政务信息资源的共建和共享。鉴于此，政府实现了数据资源的最大化共享，管理水平和工作效率也得到了进一步提升。

政务应用信息资源的目标

围绕政府管理的实际需求，政务应用信息资源的目标主要体现在两个方面：一方面是便捷、高效的业务平台的搭建。基于云计算平台，网络资源和各种软件、硬件可以实现有效整合，节约建设运行成本，提高业务平台的负载能力以及政府运行效率。另一方面是精简、统一的信息平台的打造。

云计算可以将各种分散的信息资源整合后进行集中化、系统化的组织管理，以最大限度地实现数据资源的共建、共享，为系统中的数据不统一和资源浪费问题提供有效的解决方案。在信息技术的推动下，云计算在互联网、金融、交通等多个领域实现了广泛发展，在电子政务平台中的应用也取得了不错的进展。

政府组织建立和第三方机构建立是云计算电子政务平台两种主要的建设模式，这两种建设模式凭借各自的优势分别获得了一定程度的发展。政府组织建立下的云计算电子政务平台因具有较强的针对性，可以形成更加健全的系统；第三方机构建立下的云计算电子政务平台因具有较强的专业性，可以推动平台快速搭建。

政务云建设的具体策略

政府机构推动政务上云的五大策略如表13-1所示。

表 13-1　政府机构推动政务上云的五大策略

序号	具体策略
1	借助云计算技术，打通与电子医疗、远程教育、电子政务等应用的关系
2	为了最大限度地共享信息资源，为用户提供开放式服务以及保护信息的真实性，应当兼顾云平台的安全性和开放性
3	为了助力政府提高自身的政务水平和公共服务能力，应当加大对信息资源的整合力度，充分利用商业智能软件挖掘数据、分析数据，将数据信息隐藏的价值充分释放出来
4	软件、硬件设备采购应当秉承采购成本最小化的原则，借助灵活采购策略，有重点地选择功能精简、云端性能好的移动智能终端设备或客户端设备
5	针对资源整合、共享中的体制不健全、条块分割等问题，需要充分利用云计算功能和特性，补足体制机制中的各种短板

02　云计算：驱动政务信息化建设

在数字经济时代，我国智慧政务体系实现了新发展，政府管控手段发生了新变革，电子政务的整合对政务信息化的要求越来越高。

传统PC在政务系统建设中的弊端

计算机信息技术在政务系统应用的过程中，传统PC客户端设备显露出了诸多问题。

（1）硬件购置成本高。传统PC客户端设备是政府部门处理业务主要依靠的设备，因此政府信息化建设的过程中，在购买硬件设备方面投入了大比例的资金。然而，政府在使用传统PC客户端设备处理业务时，传统PC客户端设备存在耗电量高、安全性能差、设备寿命有限等问题，导致硬件购置成本过高，而且需要政府投入大量时间和资金进行维护。

（2）升级更新维护难。在对传统PC客户端设备进行优化和维护的过程中，由于对传统PC客户端设备的优化不是针对单台设备，而是针对政府各部门所有设备的优化，这将耗费大量的时间成本和人工成本。另外，由于政府部门员工所掌握的计算机技术水平不同，大部分员工使用传统PC客户端设备办公时经常忽视计算机系统更新、设置不当等问题，并且其与政务信息化建设是同步进行的，这又加大了设备升级和维护的难度。

（3）高功耗、不环保。传统PC客户端设备耗能高，单台设备平均能耗能达至150瓦/小时。同时传统PC客户端设备由于体积大，需要连接大量的线缆，时间一长容易积攒灰尘，环保性差，而且具有噪声大、高辐射等缺陷，管理也极其复杂。

（4）易引起机密数据的外泄。由于传统PC客户端设备依靠网络进行信息传输和相关处理工作，政府重要数据在网络中流动存在被外界截获的风险，且传输的屏幕信息没有加密功能，信息外泄时无法追踪根源。再加上传统PC客户端设备存在较大的机动性，容易被入侵，对政府各部门的信息安全构成极大的威胁。

云计算：驱动政务信息化建设

近年来，政府在推进政务信息化建设过程中采购的硬件设备普遍存在重复建设频繁、设备资源浪费严重、耗能大、硬件购置成本高、设备系统升级和维护难等短板。鉴于政务信息化建设的迫切需要，政府机关必须多措并举，重点解决这些难题，以提高政务工作效率和管理水平。

在智慧政务建设的众多风险因素中，信息安全因素是最主要的因素。因此，政府部门的当务之急是利用云计算技术大力提升智慧政务建设的安全性，有针对性地对智慧政务资源进行整合，最大限度地共享智慧政务资源，构建云平台和多种应用场景等。

智慧政务云是运用云计算技术，面向政府构建的用于提升其职能和服务的互联网平台技术框架，其将成为电子政务集约化发展的重要支撑。

智慧政务云可以基于现有的基础资源，在大数据技术的基础上实现政府各种IT资源的有效整合和共享，为企业、社会和居民提供各种信息资源管理服务。

相较于传统的PC客户端设备，政务云平台采用的插座式电脑的低耗能、无CPU、无内存、绿色环保、使用年限长等优势更加符合政务信息化建设要求。在办公操作方面，政务云平台上的桌面云系统涵盖了智慧政务网上审批、电子监察、信息公开等应用系统，可以轻松实现上网浏览、办公文档的执行等操作，构建流程简单，只需要借助网络连接云服务器便可顺利建成。同时，云端服务器负责执行平台上的一切运算，打造全新的智慧政务管理模式。

03　智慧政务云平台的架构设计

作为推动政务信息化建设的突破口，智慧政务云平台将助力政府打造新的“云+端”互动管理模式，实现政府治理模式的转变。智慧政务云平台的五大功能模块包括虚拟资源池管控平台、数据与运营中心、第三方应用软件部署和运行平台、桌面云（云主机）管理平台、备份容灾中心，具体分析如下。

虚拟资源池管控平台

虚拟资源池管控平台作为公共云虚拟资源池下的管理控制平台，既可以作为智慧政务云的技术维护管理后台，也可以作为一种解决方案策略管理平台。同时，虚拟资源池管控平台具有多种功能，既负责实时监测网络服务器群组的状态，也负责对其进行存储、计算，还负责管理用户角色和权限、对资源池规模进行管控、维护虚拟负载均衡等。

数据与运营中心

智慧政务数据与运营中心的组成部分包括数据调度中心、云数据中心、运营中心等，其功能如表13-2所示。

表 13-2 智慧政务数据与运营中心的三大组成

组成部分	具体功能
数据调度中心	为有效整合智慧政务云平台中的数据，实现各子云数据中心的联通，数据调度中心负责对各子云数据中心的数据接口、传输、共享规则以及接口标准进行制定和统一。此外，其工作的可视化处理主要借助智慧政务运营中心来完成
云数据中心	云数据中心是指各子云数据中心利用机器学习，致力于为政务运作中有价值信息的获取提供各种模式识别和数据挖掘技术，并且这些有价值的信息可以用于政务评估。同时，云数据中心还具有识别数据来源和扩充数据库的功能，一方面支持中心管理人员对地方整体的运行状况进行实时追踪和管理，另一方面满足各政府部门、第三方应用软件和相关机构的业务管理软件自动化挖掘、统计、存储和分析数据的体验
运营中心	作为一种可视化运营平台，智慧政务运营中心集数据挖掘与应用、政务总体和领域运营联动于一体，将云平台管理者和运营者作为服务对象，并配有PC客户端、移动App、Web等设备

第三方应用软件部署和运行平台

智慧政务云平台是第三方应用软件部署和运行平台，集结了来自政府和各部门的所有系统软件和应用软件，既作为一种载体支持各种软件部署和运行，又作为一种资源环境为各种软件提供资源支撑。

桌面云（云主机）管理平台

桌面云（云主机）管理平台主要围绕虚拟机开展各种工作，如常规维护虚拟机、优化虚拟机固件、监测虚拟机运行状况或对虚拟机进行性能配置和授权等。此外，业务管理软件和第三方应用软件也在桌面云（云主机）管理平台的统一管理下进行安装和升级。

备份容灾中心

备份容灾中心运行机制主要体现在两个方面：一方面是对数据实施

备份和容灾，数据备份容灾的范围比较广泛，涵盖组织架构、规章制度、数据中心、业务流程等多个方面；另一方面是基于数据中心的实际情况，对各种资源进行有效整合，提前进行风险分析和业务影响分析，制定一套科学、完备的解决方案和项目管理措施，为项目的整个开展过程“保驾护航”。

04　智慧政务云的系统功能

作为一种数字化、智能化应用，智慧政务云应用推动政府部门之间、政府与企业和居民之间的业务协同和互联互通，各应用之间的数据建立统一的规范标准，政务数据实现有效整合与共享，政务数据价值得以充分释放。

行政并联审批系统

对内，传统的按序逐家进行行政审批的方式不复存在，政府的行政审批模式实现了升级。在两个以上部门对事项的行政审批上也实现了一窗受理、并联审批、统一收费、限时办结，即由一个中心部门带动其他责任部门同步进行审批。

行政对外服务门户网站

行政对外服务门户网站，是指政府主导建立的面向企业和居民的对外服务平台，该平台涉及各种服务信息、资源信息、政府工作、政策法规、在线申报等业务，在政府部门之间以及政府与社会、企业、居民之间建立了“沟通桥梁”。

电子监察系统

电子监察系统作为行政审批服务事项的监控和监督系统，利用信息服务、实时监控、绩效评估等各种手段，实现对政府各行政部门行政审批情况的有效监督，这种实时监督能够有效提高行政监察效率，提高整体工作的真实性。

舆情监测分析系统

舆情监测分析系统是政府部门进行舆情监测和分析的平台，主要通过搜索关键字和目标网站的方式为政府部门提供各种真实、可靠的信息和数据，利用现代信息技术，对网络中的各种舆情数据进行识别、收集，并进行深入分析以形成完整的分析报告，助力政府科学决策。

智能办公平台

智能办公平台是“一站式”智能办公系统，汇聚了工作委派、流程审批、消息管理、文书打印等各项工作。智能办公平台具有自动提醒和自动优化功能，前者可以就待办事项、会议通知、邮件通知等事项向办公人员发出实时提醒，处理事项直接明确；后者可以基于公务员的职责和需求自动优化系统功能与用户界面。

05　智慧政务云的应用场景

与政务应用结合

智慧政务云平台打造了新型的管理模式，可以基于统一的规范标准，整合智能办公、电子监察、舆情监测分析、行政并联审批等各类智慧政务应用系统，促使各种业务数据在智慧政务云平台实现聚集、共享，这种全新的管理模式优化了政府职能，提高了其服务能力。

跨部门协作

在智慧政务云应用场景下，政府政务信息化建设过程中的“信息孤岛”、业务不联通等问题得到了有效解决，跨部门业务协调得以有效实现，这主要得益于：智慧政务云平台中的系统共享机制能够让各部门的信息资源实现充分流通与共享；智慧政务云平台汇集了桌面云系统中的所有数据，这些数据信息可以在智慧政务云数据中心集中、存储、计算、传输，支持政府办公人员对这些数据和信息资源进行有效应用。

移动办公

借助智慧政务云平台，政府工作人员移动办公成为现实。基于智慧政务云平台的个人桌面云系统，政府工作人员可以创建个人账户，通过工号和个人密码登录，将各项办公操作一一实时保存，并且可以在不同地点、使用不同终端设备登录个人账户，极大地提高了工作效率。

办公环境

插座式电脑凭借制作材料环保、功耗低等特性取代传统PC电脑成为政府部门主要使用的设备，有效地促进了政府各部门之间的业务协同、互联互通，进一步优化了资源配置，实现了服务型政府的创新。

终端配置与升级

智慧政务云平台上的云终端实现了配置与升级，云端管理平台中各类应用与业务齐头并进，具体表现为：智慧政务云平台下的IT管理更加科学化、系统化，在配置方面，部署至各部门的云终端对各部门桌面系统进行统一配置；在升级方面，IT管理人员可以借助云端管理平台对桌面系统的各类应用进行统一管理与维护、进行远程操作，切实提升设备维护效率。

作为信息产业的一种新业态，云计算产业对于调整产业结构、稳定经济增长、建设新型国家具有重要意义。政府对云计算产业的引领和促进，将有效聚合各龙头产业、人才和项目，带动经济向着规模化、集群化、区域化的方向发展。同时，云计算对各种数据资源的融合共享，将助力政府对大数据的开发和应用，延伸政务应用的领域和范围，实现各个系统之间的业务协同和信息共享。此外，基于云计算产业的环境优势、资源优势和产业聚合优势，云计算产品也有望成为拉动经济增长的新动能。

第五部分

数字资产篇

第十四章
数字资产：数字经济发展的核心基石

01　数字资产的概念与基本特征

随着互联网快速发展，1992年，美国提出一项新的高科技计划——NII，旨在以因特网为雏形，建设信息时代的高速公路，即“信息高速公路”。此后，法国、英国、加拿大、日本、新加坡以及中国相继开始实施“信息高速公路”计划，极大地推进了信息化的进程。

1998年，美国副总统艾伯特·戈尔在加利福尼亚科学中心开幕典礼上发表了题为“数字地球”的演讲，提出的“数字地球”概念引起了世界各国的广泛关注。“数字地球”的创建离不开各种数字技术的支持，包括大数据技术、虚拟现实技术以及“3S”技术[①]等。随着这些技术快速发展，人类社会进入数字化时代，数字经济应运而生，并成为世界各国关注的重点领域。

① “3S”技术是全球定位系统（GPS）、地理信息系统（GIS）和遥感（RS）技术的统称。

在数字经济时代，数据成为一种非常重要的资产，堪比工业时代的“石油”。数据不断积累，达到一定规模就会形成数据资源。在信息化时代，数据资源的重要程度甚至会超越石油、煤炭、矿产等天然资源，成为一种极其重要的战略资源。随着大数据、区块链等技术的快速发展以及广泛应用，数据的资源性、资产性得到了广泛认可，成为数字经济的关键要素。

数字资产的概念内涵

随着数字经济快速发展，人类社会将发生一场影响深远的历史变革与社会变革，主要表现为物理、精神、认知三元世界结构的数字化融合。在数字经济时代，在政府、企业、事业单位等经济主体的控制下，数字资产将产生巨大的经济利益，释放出巨大的服务潜力。具体来看，数字资产的构成要素主要包括经济价值、价值可计量以及所有权。

一般来讲，资产要具备以下三大特征：第一，能给经济主体带来一定的经济利益；第二，为经济主体所有，受经济主体控制；第三，由经济主体过去的交易或事项创造而成。无论什么类型的资产，都是在特定的经济社会背景下出现的，数字经济也是如此，其发展与技术发展、经济社会的进步密切相关。

关于数字资产的定义有很多，如“数据资产是拥有数据权属（勘探权、使用权、所有权）、有价值、可计量、可读取的网络空间中的数据集”“数字资产是拥有二进制形式数据所有权，产生并存储在计算机、智能手机、数字媒体或云端等设备中的数据集”等。在这些定义中，得到普遍认可的一种定义是“数字资产是指在网络空间中由个人或企业等主体拥有或者控制的、以数字形式存在的、预期能带来经济利益的数字资源”。

相较于现实资产来说，数字资产最大的不同就在于数字资产的可交换价值是以数字化的方式呈现出来的。在数字化时代，随着各类信息技术在网络办公、电子支付、商品交易等场景广泛应用，大量数字化商品以及数据应运而生，这些商品与数据均带有资产性质，能够为持有者带来预期的经济效益。

数字资产的基本特征

数字资产具有五个典型特征，具体如表14-1所示。

表14-1　数字资产的五大特征

序号	具体特征
1	数字资产主要由个人、企业或者国家等主体持有或控制，这些主体享有数字资产的所有权、使用权以及管理权，并且能由数字技术提供支持与保障
2	数字资产以数字的形式存在于网络空间，在网络空间存储与流转
3	数字资产能够给持有者带来一定的经济利益
4	数字资产不是凭空产生的，而是个人、企业或国家等主体在社会经济活动中投入劳动、技术等生产要素创造出来的，或者通过购买获得的
5	数字资产的价值可以通过会计规则进行计量，其价值可以拆分、组合

02　数据资产化和资产数字化

随着区块链技术快速发展及广泛应用，经济体系中的资产形态发生了深刻变革，催生了一系列新的资产类型，其中最具有代表性的就是以比特币、以太坊为代表的新型加密数字资产。作为游离于传统金融体系之外的一种新生力量，这类资产受到了各界人士的广泛关注。除此之外，随着数据资产化以及资产数字化不断发展，数字资产的边界也得到了无限拓展。

如果以是否发源于区块链生态为标准，数字资产可以划分为两种类型，一是原生数字资产，二是非原生数字资产。此外，因为数字资产一般属于非货币资产，所以数字货币也属于一种特殊的数字资产。

原生数字资产

原生数字资产指的是基于区块链技术，在区块链生态内发行并流转的数字资产，典型产品包括比特币、以太坊等加密货币。原生数字资产自诞生之日起就以数字化的形式存在，可以解决区块链生态问题。

在原生数字资产的基础上衍生出其他类型的数字资产，例如，通过首次代币发行（Initial Coin Offering，ICO）等方式产生的新的数字资产。原生数字资产与衍生数字资产共同构成了原生数字世界的资产。但目前，在我国，ICO属于一种未经批准的非法公开融资行为，是被明文禁止的一项活动。

非原生数字资产

非原生数字资产可以划分为两种类型，一种是数字化资产，另一种是数据资产，如表14-2所示。

表 14-2 非原生数字资产的两种类型

类型	具体内容
数字化资产	即以数字化形式呈现出来的非数字资产，如股票、债券等，不是数字化的资产，而是以数字化的形式表达的资产。企业、政府等主体在以数字化的形式呈现资产时，要对资产所包含的各类信息、资产的交易模式，如何适应权属关系的变化等因素进行充分考虑
数据资产	又可以称为数据资产化，指的是基于互联网产生的交易数据、行为数据等。根据党的十九届四中全会关于“健全劳动、资本、土地、知识、技术、管理、数据等生产要素由市场评价贡献、按贡献决定报酬的机制”的要求，数据作为一种全新的基本生产要素在市场中流动，会逐渐实现资产化

非原生数字资产的生成和创建可以看作从资产数字化到数据资产化的过程。其中，资产数字化指的是企业利用现有资产对数据资源进行记录、筛选、转换，并生成结构化的信息资源的过程，重在数据的积累与整合；数据资产化指的是根据具体的应用场景，对结构化数据进行处理，将其转化为能够创造经济效益的资产，重在对数据价值的深入挖掘。

特殊的数字资产——数字货币

数字货币是一种以数字形式存在的货币，可以分为两种类型，一种是主权国家中央银行发布的法定数据货币，另一种是以比特币、以太坊或Libra、JPM Coin 等为代表的私人/机构发布的加密货币。数字货币是支持数字经济发展的重要因素，将数字经济的各个主体串联在一起。

03 数字资产崛起的底层逻辑

自新冠肺炎疫情暴发以来，在各种因素的影响下，全球加密数字资产进入快速发展阶段，几个主要的加密数字货币的价格大幅上涨，加密数字资产行业的生态环境发生了巨变。全球数字资产的快速崛起有着复杂的底层逻辑，具体分析如下。

（1）虚拟货币价值的涨幅显著。

2019年底，比特币的交易价格为7200美元；到2020年底，其交易价格已经涨至29000美元，涨幅高达302.78%。到2022年7月29日，比特币的交易价格达到了40467.9美元，其涨幅远超全球主要股指、债券、外汇和其他投资产品。

（2）以太坊的发展。

作为目前最活跃的公链网络，以太坊的日均交易量也呈现出大幅上涨趋势。2019年，以太坊用户的新增地址数为8400万，到2020年已经增长至1.31亿，涨幅超过56%，活跃地址数也呈现出大幅上涨趋势，新创造出来的智能合约有1070万份，相比2019年增长了55%。从整个生态结构来看，2020年以太坊领域增长最快的就是金融类的DApp（去中心化应用）。

（3）DeFi的发展。

DeFi是以以太坊等公链为基础，通过智能合约构建的非中心化金融协议，其极大地降低了对中心化金融机构的依赖，表现出四大特点，分别是无准入、可组合、全球化和公开透明。在实际应用过程中，DeFi可以减少交易环节，降低金融准入门槛，提高各项业务的透明度，但其面临的安全问题以及合规性问题却不容忽视。作为一种由技术驱动的新型金融模式，DeFi始终秉持开放、可信、公平的业务理念，以及保护用户数据安全的服务意识，其将推动传统金融市场发生巨大的改变。

（4）专业机构的涌入。

专业机构的涌入可以从两个方面进行讨论，一方面是以特斯拉、美图为代表的传统企业大规模购入加密数字货币作为企业的重要资产，其结果是在很大程度上提高了社会各界对数字资产的认可；另一方面是以灰度资产及PayPal、Rohinhood、高盛等为代表的金融机构相继推出数字资产及衍生品交易服务，其结果是降低了数字资产的投资门槛，为普通投资者参与投资提供了极大的方便，进一步增进了传统金融市场与数字资产市场的联系。

（5）监管措施的推进。

为了加强对数字资产市场的监管，保证数字资产市场健康发展，包括中国、中国香港、美国、加拿大、韩国、新加坡在内的许多国家和地区出台了比较完善的监管方案，形成了比较清晰的监管框架。例如，中国香港颁发了针对加密资产交易所的牌照，并向OSL交易所发放了加密资产交易所牌照，形成了一套清晰、明确的监管制度，为加密数字资产增长创造了一个良好的市场环境。下面对部分国家/地区对加密数字资产的监管情况进行简单分析，如表14-3所示。

表14-3　部分国家/地区对加密数字资产的监管情况

国家/地区		发行	交易	税收政策
中国	内地	非法	禁止	无
	香港	合法、受监督	申请牌照	无
美国		合法、受监督	申请牌照	有
日本		合法、受监督	申请牌照	有
英国		合法、受监督	沙盒监管	有
新加坡		合法、受监督	申请牌照	有
韩国		合法、受监督	受监管	有
澳大利亚		合法、受监督	受监管	有
瑞士		合法、受监督	分类监管	有
加拿大		合法、受监督	受监管	有

续表

国家/地区	发行	交易	税收政策
印度	非法	禁止	无
马耳他	合法、受监督	申请牌照	有

近两年，法定数字货币实现了快速发展，传递出两条信息：第一，数字化已经成为不可逆转的发展趋势；第二，数字货币将取代传统的交易手段，产业数字化以及资产数字化的程度都将得以大幅提升。

在此形势下，法定数字货币引起了各国政府的高度关注。为了给法定数字货币发展创造一个良好的政策环境，世界各国纷纷加大了在法定货币研发领域的投入，推动法定货币研发进入快速发展阶段。根据国际清算银行发布的《央行数字货币崛起：驱动因素、方法和技术》报告，截至2020年7月中旬，全球布局零售型或批发型中央银行数字货币（Central Bank Digital Currency，CBDC）的中央银行超过了36家，其中有一半的中央银行发表了关于零售型CBDC的研究。根据国际清算银行预测，到2023年，在全球范围内，央行数字货币的用户将达到16亿人。

目前，放眼全球，我国中央银行关于数字货币的研究与应用均处于领先地位。从2017年开始，我国就在全国范围内开展数字人民币试点，形成深圳、海南、上海、长沙、苏州、西安、青岛、大连、雄安新区、天津、重庆、广州、福州、厦门等多个试点城市和地区，并在批发零售、餐饮文旅、政府缴费等多个场景形成了一批成熟的、可以复制推广的应用模式。

除中国外，新加坡、乌克兰、土耳其、瑞典、韩国、法国等国家也在对中央银行数字货币进行内测；厄瓜多尔、乌拉圭、塞内加尔、委内瑞拉、马绍尔群岛、巴哈马等非主要经济体也在各种因素的刺激下，凭借灵活的经济体制推出了央行数字货币。在目前已经推出央行数字货币的国家中，这些非主要经济体占据了很大比例。

随着数据资产化以及资产数字化不断推进，资产边界开始无限拓展。在数据要素化的驱动下，数据资产化的速度越来越快。目前，我国政府以及企业都已经发现了数据要素化、数据资产化的发展趋势，并建立了很多数据交易所，只是交易产品比较单一、交易规模比较小、交易机制尚不成熟而已。

在产业数字化的背景下，各类资产开始数字化转型，其中一类是资产数字化，即以数字化的形式来表现非数字资产，包括物权、股权、债权、其他产权和版权等实物资产或权益资产；另一类是数据资产化，即将在互联网环境下产生的交易数据、行为数据等转化为有价值的资产。

04　全球数字资产发展的挑战和趋势

全球数字资产发展面临的挑战

（1）合规性。

在加密数字资产快速发展，越来越多的传统金融机构以及投资机构相继入场的背景下，各国监管机构开始思考如何对数字资产进行有效监管，如何围绕数字资产监管制定一套合理的市场规则与交易规则。但目前，在加密数字资产监管领域，世界各国还没有形成一套公认合理的制度，某些国家和地区对加密数字资产的监管不太符合规范。

（2）安全性。

基于区块链的加密数字资产具有去中心化、匿名性以及跨国性等特点，可以在最大限度上保证资金安全，但因为加密数字资产利用网络存储与交易，经常发生数据泄露、数据滥用等问题，数据的安全性比较差。随着各个机构的数据规模不断壮大，一旦发生数据安全问题，将使企业利益蒙受巨大损失。

（3）专业性。

作为一种新生事物，数字资产的投资、监管以及配套基础设施建设的专业性有待提升。以监管为例，虽然一些国家围绕数字资产的监管制定了一些制度，出台了一些方案，但因为没有成功的经验可循，所以监管力度很难有效把控。监管力度太强会阻碍数字货币的发展，监管力度太弱又容易引发风险。

全球数字资产的未来发展趋势

（1）数字货币成为全球经济发展的新基石。

数字资产不是凭空出现的，而是在大数据、区块链等技术快速更迭与经济快速发展的背景下出现的一种新事物，迎合了经济数字化发展需求。在数字资产不同类型的产品中，最早进入公众视野的就是数字货币。随着各国对数字货币的研究不断深入，非中心化金融机构持续发力，数字货币将为全球经济发展奠定坚实的基础。

（2）数据要素和数字资产交易快速增长，规则快速演进。

目前，数据交易规则不完善、数据定价标准不统一、数据资产所有权不明确，使得数据交易双方都要承担比较高的交易成本，这对数据资产流动造成了一定的制约，这些问题的解决有赖于数字资产治理、应用和运营规则的明确。随着上述问题得以解决，数据要素交易市场将很快形成。

（3）数字技术不断演变，推动资产数字化进程提速。

资产数字化是数据与算法集中应用的成果。在实现资产数字化的过程中，企业需要利用数字技术保证原生数据的可信度，推动数字资产实现安全、高效的流通。随着数字技术不断创新，资产数字化将实现快速发展，各类资产的流动性以及可交互性将得以大幅提升，进而推动数字经济实现快速发展。

第十五章
通证经济："区块链+数字资产"应用

01 基于区块链的数字资产应用实践

区块链技术被视为继大型机、个人电脑、互联网和移动社交网络之后的第五次计算范式的革新，创新了人类计量信用的方式，对信息互联网向价值互联网转型发展产生了积极的推动作用。

按照所处平台的不同，区块链可以划分为三种类型，分别是公有链、联盟链和私有链。其不仅可以对数据进行分布式存储，支持数据点对点传输，而且可以利用非对称加密和授权技术、共识机制以及智能合约保证数据安全，满足用户对数据溯源的需求，降低资产交易过程中的中介成本，解决资产防伪与追踪问题，对资产交易进行有效约束，在最大限度上保证资产安全。具体来看，区块链在数字资产管理方面的应用主要表现在以下几个方面。

数字资产确权

在传统模式下，企业通常会将资产登记信息存储到数据库中，一方面，数据库的安全防线比较薄弱，非常容易被攻破，导致数据泄露；另一方面，在网络环境中，数据非常容易被复制、传播，资产确权难度比较大，无法让所有者获得预期的经济效益。

凭借强大的逻辑能力，区块链可以利用数字签名、共识机制、智能合约、时间戳等技术辅助数字资产确权，将资产的所有者、生产者以及使用者纳入区块链网络，建立安全性比较好、可信度比较高的身份体系和责任划分体系，将数字资产传输、使用与交易的全过程记录下来，方便进行溯源管理。

数字资产真实性和可信度

随着数字技术在票据管理领域深入应用，传统的纸质票据将逐渐被数字票据取代。但目前，由于相关技术不成熟，数字票据管理还面临着很多问题，包括数据的真实性比较差、违规交易现象频发、面临着到期违约风险等。区块链非同质化代币（Non Fungible Token，NFT）技术可以为票务造假问题提供有效的解决方案，从多个节点建立连续“背书”机制，将票据权利的转移过程动态地呈现出来。

企业将数据存储到区块链之后，可以通过各个节点对数据进行备份，使不法人员无法通过单点操作更改或盗窃数据，切实保证数据安全。另外，区块链还可以利用加密机制对各个节点进行身份验证，防止数据被篡改，实现多方信任传递，为数字票据的拆分、重组提供方便。

数字资产流通安全

区块链可以利用加密算法对多源异构的数字资产进行存储，为这些资产数据的自由流通与交易提供方便。在区块链共识机制的作用下，数据可以在各个节点的数据账本进行保存，这样即便某个节点的数据丢失，也不会使数据的完整性受到不良影响。另外，区块链可以利用哈希算法提取数据指纹，在数据和指纹之间建立对应关系，一旦有人篡改数据数据指纹就会发生变化，借此保证数据资产的安全。

区块链以链式结构存储数据，并为数据添加时间戳，使所有有关数据的操作都能够被追踪、溯源，为数据全生命周期管理提供有效支持；智能合约可以促使各项合约条款自动执行，辅助交易主体提前对交易规则、结算等事务进行约定，从而保障数据资产流转安全。

02 “区块链+数字资产”案例实践

典型案例1：招商银行信用卡中心ABS项目管理平台

目前，资产证券化领域面临着很多问题，例如，各项信息的透明度比较低、操作效率不高、风险控制能力不强、定价规则不统一等。为了解决这些问题，招商银行信用卡中心利用区块链技术打造了ABS项目管理平台，其功能具体如表15-1所示。

表 15-1 基于区块链的 ABS 项目管理平台的功能

表现层面	具体功能
在数据方面	ABS项目管理平台可以利用区块链记录申报材料、证券金融产品的状态等信息，支持债券投资人对项目从产生到发布的全过程进行跟踪查看，提高各项信息的透明度，保证资产的可信度
在流程方面	ABS项目管理平台可以以区块链为基础，与多方参与者联合构建多中心的证券在线管理平台，提高各项业务的协作效率与执行效率，缩短产品的发行周期
在对账方面	在区块链的支持下，各交易主体可以跳过对账这一环节，节省在对账方面投入的时间与资金，同时还能让各交易主体保持业务自主性，开展灵活交易，提高交易效率
在监管方面	区块链将底层资产以及项目的全部信息记录下来，可以提高各项资产的透明度，为数据统计与监管审查提供方便

典型案例2：中国贸易金融区块链平台

中国银行业协会联合多家银行共同构建了中国贸易金融跨行交易区块链平台。该平台利用区块链促使跨行交易完全实现了电子化、线上化，而且保证银行之间信息传输的安全，对金融信任体系以及贸易金融生态圈的构建产生了积极的促进作用。2018年12月29日，中国贸易金融区块链平台正式上线，工商银行和招商银行完成首笔跨行国内信用证链上验证，之后又以该平台为依托拓展了福费廷、保函保理、银团贷款等业务。

03 “区块链+数字资产”的应用挑战

区块链技术虽然发展速度极快，相关理论逐渐成熟，相关技术层出不穷，但在数字资产领域的应用仍面临着很多问题，例如，应用模式不成熟、监管机制不完善、标准规范有待健全等。具体分析如下。

应用模式不成熟

区块链在数字资产管理领域的应用还没有形成成熟的应用模式，主要表现在三个方面。

（1）智能合约的灵活性比较差。自区块链应用于数字资产以来，研究人员经过不断探索已经创造出上千种以区块链为基础的数字货币。这些数字货币的种类虽然多，但在具体应用的过程中面临着许多问题，例如，智能合约的法律效力存在很大争议，智能合约一旦生成必须立即执行，不可撤销，灵活性比较差。目前，我国相关部门没有为法定数字货币制定技术路线，可以使用区块链，也可以使用智能合约，但对超出货币职能的智能合约要谨慎使用。

（2）确权问题难以解决。虽然区块链在数字资产领域应用可以明确资产的权属关系，解决数据流通以及溯源问题，但如何在保护个人数据产权以及隐私权的前提下进行确权，保证个人的收益权，依然是亟待解决的难题。

（3）上链资产数据结构无法统一，上链后数字权益资产价值管理体系不完善。我国企业资产结构以及上链数据结构多种多样，上链之后很难形成统一的形式。目前，我国大多数企业还没有围绕数字权益类资产管理（包括资产价值评估、成本管理等）建立一套行之有效的模式，企业管理者还没有意识到建立数字权益类资产应用和服务体系的重要性，没有找到数字权益类资产发展的最佳路径。

监管机制不完善

目前，关于区块链在数字资产领域的应用，相关企业建立了一定的监管机制，但这些监管机制并不完善，主要表现在三个方面。

（1）数字货币监管以政府监管为主导，缺乏一套覆盖数字货币发行、交易、存储等环节的监管体系，没有形成相应的法律规范。虽然我国对数字货币的监管执法一直遵循从严、从重原则，一旦发现违规的交易平台、交易网站、自媒体账号会立即关停封号，但从总体来看，我国法定数字货币仍处在试应用阶段，相关的监管机制、监管规则有待完善。

（2）目前，我国还没有针对数据资产交易以及隐私保护形成完善的监管机制，没有针对数据资产监管形成完善的法律法规。虽然区块链可以保护数据不被篡改、不被窃取，在最大限度上保护数据与信息的安全，但在大数据交易的过程中，受各种因素的影响，数据拥有者的隐私仍有可能遭到泄露。

（3）基于区块链的数字权益类资产监管面临着中心化、分布式监管的二元选择。传统的资产监管采用的是中心化机制，某个节点出现问题会影响到整个体系。如果采用完全去中心化的管理机制，又会使资源监管效率与质量受到不良影响。在资产数字化的过程中，如果针对数字资产管理搭建一个完全去中心化的架构，会导致区块链上的数字资产无法与现实中的实体资产建立稳固的联系，资产产权转移过程无法得到有效监管。

标准规范有待健全

经过相关机构的不断探索，我国在区块链标准预研、标准制定方面取得了不错的成绩，但在基于区块链的数字资产的标准规范制定方面，现有的标准体系只涵盖了部分数据资产平台的交易标准和安全基础支撑标准，没有覆盖数字资产确权、评估、定价、交易等环节。

（1）我国对比特币、以太坊等基于区块链的数字货币的监管非常严格，但尚未围绕“区块链+数字货币”制定完善的监管标准。目前，我国在全国范围内建立了很多法定数字货币试点，基本完成了相关标准的制定工作，为其他数字货币的应用提供了有效指导。

（2）我国关于“区块链+数字资产”的标准不完善，定价标准的制定面临着一定的困难。虽然区块链用于数字资产交易极大地提高了交易的安全性，但关于交易安全性的标准严重缺失，目前可以依据的标准只有两个，一是贵阳大数据交易所编制的《大数据交易区块链技术应用标准》，二是CCSA编制的《区块链数字资产存储与交互防护技术规范》。另外，基于区块链的数据资产定价仍面临着很多困难，因为数据资产的使用价格会跟随数据资产的使用主体变动，所以无法形成统一的定价标准。

（3）我国政府部门以及行业组织尚未针对区块链在资产数字化领域的应用制定完善的标准，主要表现在三个方面：一是尚未对基于区块链的数字权益类资产的确权、评估、定价、交易等环节制定完善的标准；二是尚未形成区块链技术标准；三是尚未针对数字权益资产区块链在垂直业务场景中的应用形成完善的标准。

04 “区块链+数字资产”的发展建议

为了解决上述问题，为区块链在数字资产领域的应用扫除障碍，我国推出一系列“区块链+数字资产”的重点项目，积极打造试点城市，建立健全数字资产监管体系，制定基于区块链的数字资产相关标准，围绕区块链安全和性能推进基础研究，具体分析如下。

开展重点项目的试点示范

（1）我国要围绕部分业务场景打造“区块链+数字资产”的应用试点，例如，围绕跨境支付、证券发行、保险、供应链金融等应用场景，打造金融领域的“区块链+数字货币”试点。同时，我国要鼓励一些城市率先应用法定数字货币，打造一系列试点城市，对区块链在法定数字货币领域的应用场景进行探索。

（2）我国要鼓励大数据交易所、AI 独角兽企业、大型互联网企业对区块链在数字资产领域的应用进行主动探索，形成一些重点项目的试点示范，围绕数据资产确权、定价、交易等工作形成一套科学、可行性比较高的应用模式，面向健康医疗、食品安全、商品防伪、公益慈善和教育就业等领域形成一套可以复制推广的典型工程，不断拓展区块链在数字资产领域应用的广度与深度。

（3）我国政府要选择一些基础条件比较好的行业，打造区块链在数字权益类资产领域应用的特许试点，对各种监管方案进行总结，发现其中隐藏的规律，形成一套可以在全国复制应用的监管模式。同时推动产品与服务融合创新，形成一套成熟的拥有数字权益类凭证的产品体系及服务体系。

建立健全数字资产监管体系

（1）我国要尽快出台相应的法律法规，加强对数字货币交易所的监管，同时要尽快完善数字货币交易机制，严厉打击场外交易、洗钱、诈骗、传销等行为。

（2）我国要尽快围绕区块链在数据资产确权、定价、交易等环节的应用建立完善的法律法规，明确监管主体以及区块链数据资产网络中各节点的责任与义务，并制定相关的法律法规。

（3）我国要尽快围绕区块链在数字权益类资产领域的应用建立完善的监管体系，对已经开展试点或相关业务的行业企业进行“三段式监管”，即上链前监管、上链监管和上链后监管，除执行行业监管、第三方监管以外，也要引导企业进行自律监管。为了保证监管效率，我国要尽快制定合规监管的相关条例，对监管宗旨、基本原则、组织机构、操作程序、处罚条款等内容予以明确。

制定基于区块链的数字资产相关标准

（1）我国要围绕“区块链+数字货币”制定国家标准以及行业标准。在这个过程中，相关机构可以借鉴法定数字货币的相关标准，结合试点应用经验，面向区块链在数字货币发行、支付、存储等环节的应用制定相关标准，面向基于区块链的数字货币在金融、医疗、电子政务等场景的应用制定相应的标准。

（2）我国要围绕数据资产管理制定标准体系，充分释放数据的价值，对数据资产管理的实施步骤、实践模式、保障措施等进行规划，编制数据资产管理模型。

（3）我国要针对区块链在资产数字化领域的应用建立相关标准，主要是面向资产上链、确权、交易、存储等环节建立完善的标准，鼓励行业企业搭建基于区块链的资产管理平台，并利用人工智能、大数据、区块链等技术保证该平台健康运行，持续不断地为数字权益类资产管理体系赋能。

加强区块链安全和性能理论基础研究

（1）相关企业与机构要加大在区块链风险应对技术研发领域的投入，针对区块链存储层、协议层、扩展层、应用层可能发生的各类安全风险制订应对方案，例如，开发可以用来对用户在区块链上的行为进行取证分析、追溯用户身份、发现加密环境中的有害信息、可以对协议进行逆向分析的风险应对技术。

（2）相关企业与机构要加大在区块链核心理论研究领域的投入，例如，区块链存储、加密、共识和跨链关键性技术，对区块链风险进行研究分析，对风险发展动态进行密切跟踪，探索风险发展规律，为“区块链+数字资产”奠定理论基础。

（3）相关企业与机构要主动致力于区块链技术的跨学科共性基础研究与交叉学科应用研究，对与区块链技术有关的理论进行探索，鼓励区块链开发者以及平台运营者主动进入数字资产领域，开展实践活动。

第十六章
数字监管：全球数字资产的政策框架

01　美国数字资产监管政策及特点

关于什么是数字资产，目前认可度最高的一种定义是“一切以数字形式存储的内容都可以被称为数字资产”，包括企业、组织在运行过程中产生的各类数据、电子表格、音视频文件、Word文档、HTML文档等。

但近年来，随着大数据、区块链、人工智能等数字技术的快速发展以及元宇宙的横空出世，数字资产的概念发生了很大的变化。从性质层面看，数字资产指的是“原生的、包含全量信息的、以数字形式展现和流转的资产”，典型代表就是比特币、Q币等。

在区块链背景下，数字资产包括加密货币和加密代币，主要利用密码学解决伪造货币以及双重支付问题，以保证加密资产的真实性。加密货币和加密代币的区别是：加密货币属于区块链的原生资产，主要包括比特币、以太坊等；加密代币是以太坊生态系统的一部分，主要包括

ERC-20。

面对快速发展的数字资产，世界各国制定了不同的监管政策。下面我们以美国、欧盟、日本、新加坡、中国内地、中国香港对数字资产的监管政策为例，对世界各国对数字资产的监管态度进行探究，对我国相关部门围绕数字藏品、数字艺术品市场制订与国际接轨的监管方案提供支持与帮助。下面我们首先分析美国对数字资产的监管政策。

主要监管机构

（1）联邦层面。

在联邦层面，执行数字资产监管的机构包括证券交易委员会、金融犯罪执法网络、商品期货交易委员会、国家税务局等，各机构的监管功能如表16-1所示。

表16-1　美国联邦层面的数字资产监管机构

监管机构	主要功能
证券交易委员会（Securities and Exchange Commission，SEC）	2018年，在SEC的主导下，致力于扼杀空气币、无用币等非法虚拟货币，保障投资者财产安全、维护数字资产市场诚信的美国虚拟货币交易委员会（ASEC）成立。在美国所有享有数字资产监管权的机构中，SEC占据着主导地位，可以监管所有被认定符合“证券”概念的数字资产，还可以通过发布规范性文件、投资者警告报告等文件明确监管路径，为其他机构对数字资产的监管提供指导
金融犯罪执法网络（Financial Crimes Enforcement Network，FinCEN）	FinCEN主要负责对货币资产的流转进行监管，关注的是数字资产的货币属性，主要任务是打击数字货币交易过程中经常发生的洗钱、恐怖金融及其他金融犯罪行为。从本质上看，数字资产交易所及管理者属于货币转移服务商，需要遵守《银行保密法》及其实施条例。如果数字资产交易所想为用户提供数字资产流转服务，必须在FinCEN进行注册，获得MSB牌照，并建立反洗钱机制，遵守相关规定，严格抵制洗钱以及恐怖金融等行为

续表

监管机构	主要功能
商品期货交易委员会（Commodity Futures Trading Commission，CFTC）	CFTC主要负责对数字资产衍生品的交易与流转过程进行监管，要肯定数字资产的商品属性，像监管商品一样对数字资产进行监管，切实维护市场参与者的财产安全，防止市场参与者受到欺诈
国家税务局（Internal Revenue Service，IRS）	IRS的主要任务是收集税收、执行税法。数字货币属于数字资产，按照美国税法的相关规定，企业出售数字货币获取收益需要缴纳资本增值税。早在2014年，IRS就针对数字资产发布了"投资者指南和规则"，明确表示数字资产属于资产，而不是货币，投资者需要按照股票和期货交易的相关规定履行纳税义务。如果企业用比特币支付员工工资或者某种服务费，接收方需要按照相关规定缴纳个人所得税

（2）州层面。

目前，美国一些州已经针对数字资产监管出台了专门的法规，例如，2019年1月，怀俄明州通过立法明确数字资产与法定货币拥有同等的地位；纽约州明确了州金融管理局在数字资产监管中的主导地位等。但为了适应数字资产的快速发展之势，接纳新兴的金融科技业务模式，美国各州政府需要对数字资产监管框架进行调整，例如，各州政府需要规定数字资产进入市场流转之前，需要获得货币监理署（Office of the Comptroller of the Currency，OCC）和州金融管理局（Department of Financial Services，DFS）批准；投资者以及受益人需要按照州税务局的相关规定履行纳税义务。

政策特点

（1）强调在合规框架下鼓励开展创新业务。

SEC在2018年11月发布的《关于数字资产证券声明》中鼓励市场主体开展有利于投资者和资本市场发展的技术创新。

（2）分类监管，将证券类数字资产监管作为重点。

联邦政府将数字资产划分为两种类型，一种是证券类数字资产，另一种是非证券类数字资产。面对证券类数字资产，监管机构要判断其是否符合证券法的豁免原则，然后才能决定是否可以发行；非证券类数字资产不在联邦证券法体系的监管范围之内，不需要登记注册。

一项数字资产是证券类数字资产，还是非证券类数字资产，其判断依据主要是通过Howey测试确定其是否构成投资合同。如果被判定为证券类数字资产，则交由SEC进行监管；如果被判定为非证券类数字资产，则交由相应的机构进行监管。

（3）将原有法律框架作为数字资产监管的主要路径。

美国联邦层面要求以现有的法律框架为依据对数字资产市场进行监管，这些法律包括现行的证券法、公司法以及各种反洗钱法案，如《证券交易法》《银行保密法》《爱国者法案》等。

02　欧盟数字资产监管政策及特点

欧盟针对数字资产监管形成了一个涵盖立法层、监管层和执行层的立体化的监管体系，各个监管层涵盖的监管机构以及政策框架如表16-2所示。

表16-2　欧盟监管机构及政策框架

	监管机构	政策框架
立法层	欧洲理事会、欧洲议会、欧盟委员会、欧洲中央银行	对欧盟金融体系进行宏观审慎监管

续表

	监管机构	政策框架
监管层	欧洲银行业管理局、欧洲证券和市场管理局、欧洲保险及职业养老金管理局	主要负责在欧盟金融体系内对相应行业金融机构制定统一的微观审慎监管规则并协调各国金融监管行动
执行层	成员国相关主管部门	以法国为例，法国金融市场管理局（AMF）已发布了有关数字资产服务提供商（DASP）许可的新规则，以及有关申请非强制性许可并向AMF通报内部网络安全实践的指南，为企业提供了申请的机会

对欧盟的数字资产监管政策进行分析可以发现，其监管政策主要有两大特点，具体分析如下。

循序渐进式加强监管

欧盟对数字资产的监管表现出循序渐进的特点，主要分为两个阶段，如表16-3所示。

表16-3　欧盟对数字资产监管的两个阶段

阶段	具体成果
第一阶段	监管机构通过监控、警示、声明等措施提示风险，没有利用法规进行约束，为数字资产创造了一个相对自由的发展环境
第二阶段	监管机构开始利用法规对数字资产进行约束，考虑现行的监管制度对数字资产的适用性，并面向数字资产制定具有针对性的监管法规

加强对洗钱、金融犯罪和恐怖主义融资行为的监管

在欧洲银行业管理局、欧洲证券和市场管理局的建议下，欧盟委员会关注金融行动特别工作组开始加强对数字资产反洗钱以及反恐怖融资的监管，并将数字资产与加密资产兑换服务提供商、ICO金融服务提供商纳入监管范围。除此之外，为了保持自己在全球数字资产监管标准制

定中的话语权，欧盟还积极参与金融稳定委员会以及其他国际论坛，并围绕区块链、分布式账本等技术加强与国际标准化组织技术委员会的联系。

03　日本数字资产监管政策及特点

日本对数字资产采用分层监管的方式，将对反洗钱、反恐怖融资的监管放在第一位，将对交易平台的监管放在第二位；监管对象有两个，一是承载数字资产交易业务的平台，二是运营数字资产代管业务的从业者，监管范围比较有限。具体来看，日本对数字资产的监管主要表现出以下两大特点。

围绕投资者保护的行为监管

（1）重点保障数字资产交易平台的用户资产。

日本数字资产交易平台以现金与数字资产的形式为用户保管资产，所以数字资产交易平台监管的一项重要内容就是保证用户资产安全。为了建立健全数字资产交易平台的安全体制与机制，最大限度地维护用户的利益，日本对相关法律法规进行了修订，包括强化数字资产交易平台的分别管理义务，要求平台采用金钱信托的方法对用户财产进行分别管理；保证数字资产交易平台拥有一定规模的可履行资产；赋予用户优先受偿权等。

（2）限制可交易的数字资产种类。

因为目前大多数数字资产交易都是以非公开的方式进行的，所以经常有不法分子利用数字资产交易进行洗钱。为了打击这种违法犯罪行为，加强对数字资产的监管，日本出台了相关的法律法规，对可以在平台交易的数字资产种类进行了限制，并要求相关机构在进行数字资产交易之前向金融厅备案。

（3）强化对数字资产进行广告和劝诱行为的规制。

日本的数字资产行业存在比较严重的过度广告宣传现象，为了抑制这种现象，打击投机交易行为，日本金融厅在制定数字资产法律时对广告劝诱行为做出了严格规制，提出了三点要求，如表16-4所示。

表16-4　日本金融厅对广告劝诱行为的规定

	具体内容
规定一	数字资产交易平台在进行广告宣传时必须对数字资产的性质做出明确说明，以免用户对其产生误解
规定二	数字资产交易平台在进行广告宣传时不得采用不实表述，不得使用可能导致用户对数字资产的性质产生误解的广告语，不得出现带有劝诱性质的广告语
规定三	数字资产交易平台不得使用可能助长投机的广告语

强化数字资产作为投资对象时的监管措施

由于很多人将数字资产作为一种投资产品，为了保护投资者的利益，日本加强了对数字资产投资交易的监管，日本金融厅专门针对将数字资产作为投资对象这一行为制定了强有力的监管措施，对《金融商品交易法》的监管范围进行了调整，加强对首次币发行、数字资产现货和衍生品交易的监管。

04　新加坡数字资产监管政策及特点

新加坡数字资产监管采用的是金融管理局集中监管的政策，并且会根据不同类型的数字资产采取不同的监管政策。具体来看，新加坡数字资产监管表现出了以下两大特点：

（1）新加坡金融管理局利用现有的监管规则对不同类型的数字资产进行分类监管，例如，将数字证券纳入证券监管框架，将数字货币纳入货币监管框架等。

（2）对于数字资产交易所，新加坡金融管理局采取了非常严格的牌照管理机制。按照有关规定，数字资产交易所要根据自身的业务情况申请"标准支付机构牌照"或"大型支付机构牌照"。如果数字资产交易所涉及法币兑换、Over The Counter（OTC）等业务，还要申请"账户发行服务牌照"以及"跨境转账服务牌照"。因为新加坡非常重视法币交易，对其执行严格的牌照管理制度，所以涉及法币交易业务的数字资产交易所必须通过申请获得牌照，否则就会构成非法运营。另外，因为现有的任何一种许可证照都无法完全覆盖与数字资产有关的业务，所以未来新加坡有可能为数字资产支付业务发放专门的牌照。

05　中国内地数字资产监管政策及特点

中国内地对数字资产执行非常严格的监管政策，明文禁止加密货币的发行与交易，禁止类金融、类证券化的交易模式，允许NFT等数字藏品进行一次性交易。中国内地之所以对数字资产执行如此严格的监管政策，其原因主要有以下两点：

第一，基于区块链的加密数字资产具有去中心化、跨国性、匿名性等特点，很容易滋生洗钱、恐怖融资等行为，给反洗钱、反恐怖融资带来一定的挑战；第二，数字资产交易经常发生数据泄露、数据滥用等问题，导致数据安全问题越发严峻。虽然我国内地针对数据安全问题出台了很多法律法规，如《中华人民共和国国家安全法》《中华人民共和国数据安全法》《中华人民共和国网络安全法》《中华人民共和国网络安全审查办法》等，但面对经常跨国交易的数字资产，这些法律法规表现出了极强的不适用性。

近年来，中国内地针对数字资产的监管出台了很多政策文件，如表16-5所示。

表16-5　我国数字资产政策文件监管依据

政策文件	发文机关
《关于防范代币发行融资风险的公告》	中国人民银行、中国共产党中央网络安全和信息化委员会、工业和信息化部、国家市场监督管理总局、中国银行保险监督管理委员会、中国证券监督管理委员会
《关于防范NFT相关金融风险的倡议》	中国互联网金融协会、中国银行业协会、中国证券业协会
《关于防范比特币风险的通知》	中国人民银行、工业和信息化部、中国银行保险监督管理委员会、中国证券监督管理委员会
《关于防范虚拟货币交易炒作风险的公告》	中国互联网金融协会、中国银行业协会、中国支付清算协会

具体来看，中国内地对数字资产的监管政策主要表现出以下三大特点。

（1）全面禁止以货币用途为核心的数字资产所涉融资行为。

2017年9月4日，中国人民银行联合中央网信办、工业和信息化部、工商总局、银监会、证监会、保监会发布了《关于防范代币发行融资风险的公告》，明确表示不得非法从事代币发行融资活动，不得使用法定货币兑换代币，各金融机构或非银行支付机构不得以直接或间接的方式为代币提供融资服务。

（2）以风险提示与传统法律兜底进行双重监管。

2022年4月13日，中国互联网金融协会、中国银行业协会、中国证券业协会发布了《关于防范NFT相关金融风险的倡议》，对NFT设定了四大红线规则：一是不得使用代币结算，二是禁止金融证券化，三是禁止集资、炒作，四是反洗钱。

（3）充分发挥行业组织的自律作用。

《关于防范虚拟货币交易炒作风险的公告》与《关于防范NFT相关金融风险的倡议》就是行业组织充分发挥自律作用的结果。目前，我国金融行业拥有很多国家级的行业自律组织，如中国互联网金融协会、中国银行业协会、中国证券业协会、中国支付清算协会等，这些行业组织可以在数字资产监管方面发挥重要作用，例如，可以对国家发布的与数字资产有关的政策进行解读，督促有关会员单位自觉抵制非法金融活动，包括代币发行融资、虚拟货币交易炒作等，同时做好投资者教育，规范数字资产行业的环境，与政府部门一起维护金融秩序。

06　中国香港数字资产监管政策及特点

中国香港对数字资产同样执行比较严格的监管政策。虚拟资产交易平台想要申请牌照，必须向香港证监会提供虚拟资产交易、结算及交收服务的凭证，并且拥有对投资者资产的控制权。也就是说，在香港，只有中心化的虚拟资产交易平台才可以获得牌照。如果资管公司、基金分销商涉及虚拟资产投资业务，并且将10%或者以上比例的管理资金用来投资不构成“证券”或“期货合约”的虚拟资产，必须向香港证监会提交申请获得牌照，并且要接受香港证监会的监督。

另外，香港证监会对虚拟资产相关企业进入监管沙盒设置了比较高的门槛，会对企业的经营历史进行严格审查，整个审核期长达12个月甚至更长。具体来看，中国香港对数字资产的监管呈现出以下四大特点，如图16-1所示。

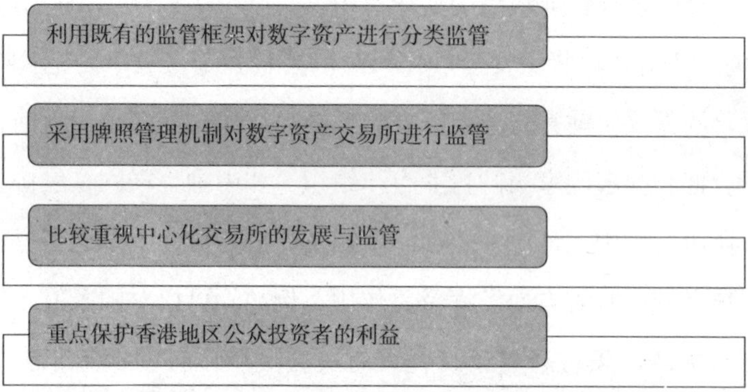

图16-1　中国香港对数字资产监管的特点

（1）香港证监会利用既有的监管框架对数字资产进行分类监管。在对数字证券、相关衍生品发行及交易监管方面承担主要责任，至于数字货币及其他数字资产的监管，将来可能交由香港财库局负责。

（2）采用牌照管理机制对数字资产交易所进行监管。目前，香港有十种类型的牌照，根据香港证监会的规定，数字资产交易所可以根据自身情况申请第一类证券交易牌照、第七类提供自动化交易服务的牌照，未来或许还可以申请第九类提供资产管理的牌照。

（3）中国香港比较重视中心化交易所的发展与监管。这为去中心化交易所设置了比较高的门槛。根据香港证监会的规定，数字资产交易所想要获取牌照，必须满足“98%虚拟资产需要存储于线下钱包”“根据用户财务状况设置交易限额”等要求，而去中心化的数字资产交易所因为无法对交易双方的资产存储方式以及存储额度进行有效控制，所以很难获得牌照。目前，只有BC科技集团旗下OSL交易所获得了牌照。

（4）香港证监会重点保护香港地区公众投资者的利益。这为防控数字资产交易风险做了很多努力，例如，尽量确保资产估值的准确性，防范资产波动性以及流动性风险；建立健全针对数字资产的会计、审计规则；保证网络安全以及资产安全；防范市场诚信风险；加强对洗钱以及恐怖融资行为的管控；协调各方利益，防止发生冲突等。

第十七章
数字法治：护航数字经济行稳致远

01　构筑数字经济治理的中国优势

在国民经济发展的过程中，宏观经济治理的重要性不言而喻，科学的宏观治理体系能够支撑高水平社会主义市场经济体制建设。在数字时代，数字经济治理是宏观经济治理的重要内容，指的是“对数据资源、现代信息网络、信息通信技术融合应用及数字经济相关主体、活动、环境的综合治理”。

目前，我国正处于数字经济时代。为推动我国数字经济健康、持续、高效发展，我国政府出台了一系列相关政策，从战略角度进行系统规划，鼓励和支持数字治理体系建设，以加速国家治理体系和治理能力现代化建设的进程。

自“数字经济”提出至今，我国数字经济已经取得了较为显赫的成绩，但目前我国的数字经济治理体系尚不完善，无法适应快速提升的数字化生产力，导致数字经济治理存在一些问题。因此，我国政府应当同其他社会主体共同努力，加快创建契合数字经济发展的规则体系。

数字经济行稳致远的关键举措

随着新一代信息技术持续发展与广泛应用，我国数字经济发展水平在全球范围内已名列前茅，产业发展模式持续变革，新业态、新模式层出不穷，这进一步加快了我国数字经济发展的步伐。而在数字时代，数字经济的发展不能只追求速度，更要追求质量，要不断深化“规范发展、普惠共享”的发展理念。在此形势下，政府要强化数字经济治理，明确经济发展新的形势、规律、方向和要求，调整宏观经济政策，引导数字经济规范发展，同时出台相关的支持和保护政策，保障数字经济实现健康、安全、稳定、长远发展。

促进数字社会稳定和谐的重要保障

数字经济作为一种新的经济形态，很好地优化了生产生活方式，使得社会经济发展水平与人民生活品质得到了显著提升，对全面带动国民经济发展具有深远意义。但由于数字经济兴起比较晚，发展速度比较快，缺乏完善的数字经济治理体系，因此在发展过程中面临着很多社会问题，包括网络诈骗、网络沉迷、人工智能伦理等。

为了保障数字社会和谐稳定运行，我国应当创建并完善数字经济治理体系，加强数字技术、网络知识的培训，缩小数字鸿沟，强化人们的数字化技能与自我保护意识，保障个人和公共利益；同时规范网络的使用，防止青少年沉迷网络，减小网络的负面影响；制定数字技术规范使用制度，避免数字技术带来的伦理问题。总而言之，只有加强数字经济治理，才能实现社会公平与经济效率的高效统一。

提升国家治理能力现代化水平的重要举措

随着经济社会实现数字化变革，传统的国家治理体系已经不能满足各项治理需求。为了解决这一问题，政府机构应当结合我国国情以及国际市场形势，明确治理目标和对象，变革治理手段，调整治理范围，制定适合我国经济社会发展的治理体系。而数字经济治理作为国家治理的一项重要内容，政府应当予以高度重视，以数字经济治理引领国家治理体系的现代化建设。

数字经济治理涵盖数据资源、现代信息网络、新一代信息技术的融合应用等诸多内容，要求政府从多个方面同时着手，全面推动数字经济治理，推进数字经济稳定发展。具体来看，政府要强化网络治理，为数据资源和现代化通信技术的应用提供良好的环境，注重数字乡村、智慧城市、智慧交通等新场景的健康发展，并将其作为一种新型治理手段，推动数字经济治理顺利发展，对智能化、精细化、系统化、个性化的国家治理的实现产生积极的推动作用。

02　数字经济面临的治理挑战

在日新月异的数字时代，新一代信息技术不断创新和进步，以数据为核心生产要素的数字经济呈现出较为复杂的发展趋势，数字经济治理面临了一系列挑战。现有的治理体系与治理能力已经不能满足数字经济持续发展的需求，亟须进行全方位变革和升级。

随着数字经济高速发展，数字经济平台企业也得到大规模扩张，随之而来的是众多棘手又复杂的平台治理问题。从国内市场看，一些行业领先企业容易形成市场垄断，这不仅会导致恶性竞争，而且对新兴企业的发展极为不利，不利于我国数字经济的健康发展。从全球市场看，各国之间的数字经济竞争逐渐转变为平台之间的竞争，这给数字经济平台治理带来了更为严峻的挑战。

数字经济平台的治理挑战

数字经济平台治理面临着许多挑战，具体如表17-1所示。

表17-1　数字经济平台治理面临的挑战

面临的挑战	具体内容
排斥竞争	许多资源雄厚的平台会将自身优势发展成打压竞争对手的力量，抬高市场进入门槛，排斥市场竞争，造成垄断现象，严重阻碍市场经济的健康发展
数字扭曲	平台垄断使企业具备主导市场发展的强大力量，在这种情况下，企业可能会为了自身利益而扭曲数字市场，导致数字经济的发展方向发生改变，降低发展质量
扼杀创新企业	平台会利用其在数据、流量等方面的优势，打压新兴的初创企业，或对其进行收购并扼杀创新型业务，进一步降低其市场竞争力
影响和控制消费者行为	平台会利用大数据分析技术掌握消费者的需求偏好，故意研发可能让消费者“上瘾”的产品，提升消费者对自身的依赖程度，达到对消费者行为影响和控制的目的，从而强化自身的垄断能力
带来大量失范行为	随着数字经济快速发展，平台和网络空间均得到快速成长，平台的不规范行为可能会给信息传播、社会行为、就业情况等带来负面影响，甚至可能引发网络犯罪，损害国家、社会和个人的利益，不利于数字经济健康发展

平台数据治理面临的问题

在数字时代，平台发展也要以数据为驱动，以现代化信息技术为支撑。由于监管机制不完善，所以平台在发展过程中会利用数字技术采集用户数据，但平台只注重数据采集和分析，不注重数据保护，容易造成用户隐私信息的泄露，在数据治理方面存在比较严重的问题，具体表现在四个方面，如表17–2所示。

表 17–2 数据治理面临的四大问题

面临的问题	具体内容
数据收集隐蔽化与过度化	平台会研发各种隐蔽手段，持续跟踪用户的行为，过度采集用户的行为数据
平台将数据产权化和资源化	当前的法律缺乏对数据产权的明确规定，平台便会利用这一法律漏洞为自己牟利，将收集到的所有数据纳为自己的私有财产，拒绝与其他企业共享，这会在很大程度上加剧垄断现象
数据利用的不透明和黑箱化	平台在将数据视为私有财产之后，在使用时也理所当然地进行黑箱化操作，完全不公开数据用途与使用规则
数据安全存在隐患	平台依托现代信息网络对数据进行收集、处理和应用，但由于现阶段的网络没有达到绝对安全的程度，再加上数据安全法尚不完善，使得数据安全问题日益加重，给数据治理带来了严峻的挑战

03 完善数字经济治理体系

在数字经济快速发展的大环境下，完善数字经济治理体系非常重要。从宏观层面看，数字经济治理体系不仅是国家治理体系的重要组成部分，而且可以推动国家治理能力的现代化，对国民经济的健康、长远发展产生强劲的引领作用。从微观层面看，数字经济治理体系能够充分利用新一代信息技术带来的红利，发挥海量数据的价值，实现数据驱动经济增长，使人民的生活水平得到显著提升，同时增强人们的获得感和满意度，提高人们的幸福指数，保障社会健康、有序运行。

随着数字经济从高速发展向高质量发展转变，数字经济的治理主体与对象、治理结构及方式、治理过程和范围都在发生变革，治理理念与治理模式也在不断创新、升级，完善数字经济治理体系成为必然趋势。

2022年1月，我国政府发布的《“十四五”数字经济发展规划》强调健全完善数字经济治理体系，这印证了健全数字经济治理体系的必然性，同时也为数字经济治理体系建设提供了明确的政策支持。

政府机构应当按照《“十四五”数字经济发展规划》的指示，结合我国数字经济发展现状与未来的战略发展方向，制定适合我国国情的数字经济治理规划，完善相关法律与规章制度，为数字经济创造一个公开、公正的发展环境。在政策的支持下，社会各主体应当积极合作，打造多元协同的治理格局，积极利用数字技术挖掘数据资源的深层价值，推进数字产业化与产业数字化快速发展，加强数实融合，营造创新、协调、安全、开放、普惠的数字经济生态体系，推动数字经济健康发展。

根据相关政策的规定，数字经济治理体系建设与完善需要遵循四大原则，如表17-3所示。

表 17-3　数字经济治理体系建设与完善需要遵循的四大原则

原则	具体内容
坚持中国特色	基于现有的国家治理体系，结合我国的国情与市场经济体制，利用数字技术创建数字时代下契合我国经济发展特征的数字经济治理体系，同时要注意发挥我国市场规模、数据资源、应用场景的优势
坚持发展与规范并重	政府出台相关政策鼓励和倡导市场公平竞争，强调合理竞争的重要性和必要性，规范竞争行为，呼吁社会各界尊重新业态与新模式的发展规律，打击恶意竞争与恶意垄断行为，保障数字经济健康、规范发展
坚持多元共治新格局	大力宣扬数字经济治理的益处，划分社会各主体的权利、义务与职责，并出台相应的激励政策，呼吁社会各界共同参与数字经济治理，形成政府、企业、组织、个人等多方主体高效协同、互惠共赢的治理格局
坚持系统地提升数字化能力	面对数字经济治理中的问题与挑战，我国政府要积极利用数字技术进行化解，系统地提升各方主体的数字化能力，推动数字经济高效治理

为衡量数字经济治理体系的建设成果，政府机构可以设立四大目标，如表17-4所示。

表 17-4　政府衡量数字经济治理体系建设成果的四大目标

序号	具体目标
1	创建协调统一的数字经济治理框架与规则体系，健全不同部门和地区的协同监管机制，为完善数字经济治理体系夯实基础
2	全面提升行业监管水平、市场监管水平以及政府机构的数字化监管能力，实现规范、精准监管执法
3	形成多元共治新格局，提升各参与主体间的协作水平与效率
4	完善市场监管体系与宏观调控体系，让数字治理实现有法可依、有章可循，并且要让数字经济治理体系能够完美契合数字经济发展的新规律和新生态

04　数字经济法律体系的框架与实践

数字经济作为一种新的经济形态，在新一代信息技术的加持下获得了迅猛发展，而随着信息技术的持续创新与进步，以及数字时代的持续变化，数字经济的发展既拥有许多新机遇，又面临众多新挑战。因此，要想保证数字经济的高效、高质量发展，我国不仅需要健全数字经济治理体系，还应当加强数字经济法律体系建设，注重实践，根据实际情况对数字经济治理体系进行实时优化和改进。

现阶段，我国数字经济发展面临着互联网带来的新风险，包括信息安全隐患、网络秩序安全、网络环境安全、财产风险等，这些风险会伴随数字技术以及信息网络的变革和升级而发生改变。与此同时，传统的竞争格局被打破，传统产业模式亟须进行数字化变革。

此外，数字经济的发展也对现有的经济法律体系提出了新要求。特别是在数据成为数字经济的关键生产要素之后，我国亟须出台与数据保护和规范使用有关的法律法规，以保障数字经济健康发展。具体来看，一方面，数字技术的使用导致数据资源的规模急剧膨胀，同时充当数据分析、传输与应用载体的网络体系尚存在一些漏洞，导致数据资源的安全性得不到保障；另一方面，电子合同、算法等成为实现数字经济应用的主要方式，而这些方式的主导权在经营者手中，电商企业、消费者等均处于被动接受的地位，即“数字权力”不均衡，而现有的法律体系也缺乏这方面的内容，无法实现“数字权力”的有效发挥。因此，对于我国来说，完善数字经济体制下的法律体系迫在眉睫。

现阶段，我国的法律制度也产生了一些变化。随着《网络安全法》《数据安全法》《个人信息保护法》相继出台，我国网络空间治理的基础法律体系形成，并将在此基础上进行拓展和延伸。与此同时，我国也开始同步建设互联网平台行业的相关法律制度与规范准则，例如，2021年2月发布的《国务院反垄断委员会关于平台经济领域的反垄断指南》（国反垄发〔2021〕1号），为规范互联网平台经济发展提供了指引；《互联网平台分类分级指南》和《互联网平台落实主体责任指南》也将在不久后正式发布，形成互联网平台的“基本法”和管理框架，全面监管互联网平台行业的发展。

尽管目前已经出台了很多相关的法律和规范，但由于数字经济的发展形势极为复杂多变，且数字经济发展涉及的领域非常广泛，再加上很多法律处于试行阶段，因此，很多法律规范在跨领域、跨层级衔接方面存在问题，同时很多先进领域也缺乏合适的法律规范。所以，为了保障数字经济的持续稳步发展，我国应当进一步统筹协调相关法律法规，形成完善的、综合的数字经济法律体系，具体可以从以下几个方面着手。

建立数字经济统一治理机构

数字经济的发展与数据密不可分，因此，与数字经济治理有关的法律不仅要涵盖竞争秩序和交易规范的相关内容，而且要涉及消费者福利，特别要注意保护消费者隐私。

在竞争秩序与交易规范方面，我国已经出台《反垄断法》《反不正当竞争法》《电子商务法》等相关法律，规范和约束了平台之间的竞争行为，也保护了平台与内部经营者之间的正当关系，在一定程度上保障了数字经济的健康运转。

在消费者福利方面，我国出台了《个人隐私保护法》《数据安全法》《网络安全法》等，同时《民法典》也增加了隐私保护的相关内容，极大地保障了用户的信息安全。值得一提的是，数据资源逐渐成为企业发展的一大竞争优势，而数据势必会涉及用户隐私，会带来隐私保护与垄断关联的难题。所以政府与监管机构还需要积极研发相关法规和制度，既要保障用户的隐私安全，又要杜绝恶意垄断行为。

在实际执法过程中，执法机构要整合不同的政策法规，创建统一的治理机构，统一执法目标，借助数字技术研发高效的执法手段与方式，提升数字经济监管速度与执法效率，实现即时、高效执法。

健全相应的司法保障机制

在数字经济治理过程中，司法保障机制同样不可或缺。司法机构要基于数字经济法律体系，完善相应的司法保障机制，以实现精准执法，具体措施如下：

- 司法机构要借助新一代信息技术拓展司法模式，创建线上诉讼平台，并将司法数据、司法系统、司法功能纳入平台，为用户提供公平公正、便捷高效的司法服务。

- 司法机构要注重区块链技术的应用，拓展智能合约系统、电子证据平台等，取缔传统的证据存取方式，降低证据存取成本与风险，提升司法效率。
- 司法机构要结合数字经济发展特征与法律规范，制定并完善电子证据司法审查规则，借助数字技术变革审判模式，实现经济纠纷的高效处理，具体包括加大智能合约系统及电子证据平台的应用力度，结合互联网审判规律与诉讼规则，借鉴过往典型司法案例，创建智能化的司法流程与司法模式，实现科学、高效的司法治理。

建立精准、协调、有效的监管治理体系

在数据大爆炸的数字经济时代，数据逐渐成为推动数字经济发展的核心要素，与此同时，数据风险也在不断增加，如数据滥用或恶意操纵、行业垄断等问题日益严重，数据监管的重要性日益凸显。再加上传统的监管治理方式已经不能满足数字时代数据监管的要求，所以我国亟须利用数字技术进行监管治理体系的变革。

政府机构要充分发挥大数据、物联网、人工智能、区块链等技术的优势，完善数字经济法律体系，基于数字经济行业与平台的监管行为，从全局角度做好顶层设计，完善监管的底层逻辑，创建并完善全方位、多层次、立体化的数据监管体系，并且要结合数字经济发展形势和相关经济政策法规，对监管措施进行优化调整，促进各参与主体相互协同，提高数据监管的精准度以及数字经济的监管水平，全面推动数字经济发展。

第十八章
数据治理：构建智能社会的法律秩序

01 我国数据交易面临的主要挑战

随着各种智能设备广泛应用，大数据技术快速发展，人类社会进入大数据时代，数据成为驱动生产的核心力量，颠覆了传统的生活方式与生产方式，革新了人们认知世界、理解世界的方式，催生了一系列新服务、新应用。在具体实践中，数据可以和劳动、技术、土地等生产要素相结合，提高全要素生产率，为数字经济的发展提供源源不断的动力。

数据交易是数据共享的一种方式，另外两种方式分别是数据开放与数据交换。目前，在我国大数据交易所采用的各种数据共享方式中，数据交易是一种主要方式。因为相关制度不完善、模式不成熟，所以数据交易在开展过程中面临着许多挑战。正是在应对这些挑战的过程中，数据交易的深度与广度才得以不断拓展，数据交易市场才能逐渐成熟。

一般来说，一个健康的数据交易体系应该满足以下三点要求：第一，拥有海量安全、可交易、有价值的数据，数据市场存在比较大的缺口；第二，数据所有者共享数据的意愿比较强烈；第三，数据交易渠道通畅，交易平台比较多。

为了保证数据交易市场健康发展，中共中央办公厅、国务院办公厅在《建设高标准市场体系行动方案》中要求："加快培育发展数据要素市场。制定出台新一批数据共享责任清单，加强地区间、部门间数据共享交换。研究制定加快培育数据要素市场的意见，建立数据资源产权、交易流通、跨境传输和安全等基础制度和标准规范，推动数据资源开发利用。积极参与数字领域国际规则和标准制定。"

目前，我国数据交易市场刚刚起步，数据交易体系面临着很多挑战，具体分析如下。

"数据孤岛"效应凸显，大量闲置数据呈离散状态

因为各企业的数据系统及其建设标准不同，导致数据不兼容，大量数据游离在外无法整合应用，再加上行业监管体系不完善，数据持有者为了维护自身利益相互博弈，这引发了部门数据利益垄断或者超级数据平台双轮垄断现象，导致数据交易费用大幅增加，进一步加剧了数据割裂，使得"数据孤岛"现象越发明显。

数据治理规则体系不完善，数据安全风险加大

（1）不同的企业对数据价值的认知不同，大多数企业没有意识到数据价值会随着数据的流动而增加，不愿意将数据开放共享，交给其他企业使用。

（2）数据质量参差不齐，数据泄露、数据窃取等问题比较严重。数据泄露轻则使用户的个人隐私受到侵害，重则可能威胁到国家安全。面

对这种情况，数据主体不敢轻易进行数据交易。

（3）虽然我国政府面向数据交易出台了一些规范性文件，但这些文件没有对数据产权归属、数据分类标准、数据定价等做出明确规定，导致数据交易缺乏规范性指引。

数据交易缺乏法律保障，数据交易平台法律地位和职责不明

目前，在相关政策的引导下，我国数据交易所将发展重心放在了数据交易服务方面。因为过于关注服务职能，所以数据交易所的数量越多，越容易陷入重复建设的困境。再加上我国数据交易所严重忽略了监管职能，与数据交易有关的法律法规不健全，导致数据交易渠道不畅通，无法保证数据交易过程中数据的质量与安全。

02 重塑数据交易的治理理念

我国高标准数据交易市场之所以无法实现纵深发展，其原因主要有三个，如图18-1所示。

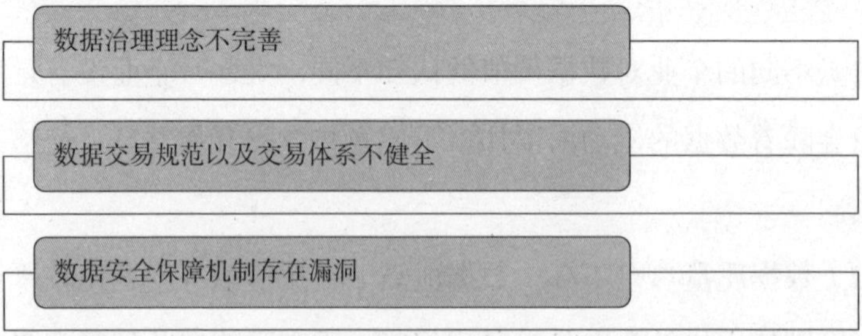

图18-1　我国高标准数据交易市场无法纵深发展的原因

我国要想在利用数据、发挥数据价值的同时保护好数据安全，必须明确数据治理理念，包括数据权属、数据交易模式、交易价格、交易客体、交易方式等，通过引入先进技术、创新管理模式提高对数据交易过程的监管能力，打造一个健康的数据交易市场，保证数据交易环境的安全，对数据要素化产生积极的推动作用。

在现代法律治理所遵循的各种原则中，尊重实体经济的要素禀赋是一项基本原则。数据交易治理需要革新理念、制度以及具体的治理措施，是一个复杂的过程。为了推动数据要素市场快速发展，提高数据要素市场培育质量与效率，我国数据交易治理要遵循发展与安全并重的原则，建立健全数据交易规范体系与安全保障机制，借助先进技术提高数据交易创新治理能力，推动数据交易实现规范化发展。

因为数据的性质非常复杂，既具有公共属性，又带有私人属性；既具有财产性，又兼具人身性，所以整个交易过程伴随着激烈的利益博弈，包括公共利益与私人利益的博弈、数据安全以及数据利用效率的博弈等，这导致数据保护与数据利用之间的矛盾比较尖锐。事实上，在一个健康的社会制度中，安全与效率具有本质上的统一性。因此，为了调和数据保护与数据利用之间的矛盾，我国政府要不断扩大二者之间的适应性。

传统的数据治理一直比较关注数据保护，采取各种措施防止数据泄露，而忽视了数据的挖掘利用，导致数据价值得不到充分发挥，庞大的数据交易需求无法得到充分满足。为了解决这一问题，智能时代的数据治理必须形成以科学、人本、包容、普惠、共治为主要特征，以释放数据要素价值为原则，以数据安全风险防范为底线的新型治理理念，解决数据保护与利用面临的各种问题，提高数据资源的配置效率，促使数据资源释放出更大的价值。同时，在数据交易的过程中，交易主体要利用先进技术对交易数据进行筛选，保证数据质量，在具体的交易场景中对数据交易各方的利益进行衡量。

03 建立完善的数据交易规范体系

目前，我国政府围绕数据交易出台的各项法律法规都比较模糊、抽象，各项法律法规的效力存在一定的冲突。为了建立健全数据交易规范体系，我国必须对数据产权、数据交易模式、数据交易价格、数据交易方式等内容做出明确规定，具体措施如下。

构建新型数据财产权二元权利体系

在开展数据交易之前，交易主体必须先明确数据产权。相较于资金、技术、人力等生产要素来说，数据具有一些特殊属性，包括非竞争性、非排他性、非物理性和便携性等，这给数据权利保护带来了一定的挑战。

我国现有的法律法规没有对数据权属问题做出明确规定，而是着力于解决数据使用问题。但事实上，在数据交易过程中，数据权属问题是一个关键问题，会对数据权属交易模式以及数据定价机制产生诸多影响。因此，我国政府部门应该围绕数据权属问题出台明确的法律法规，而不应该忽略这一问题。

根据洛克的劳动财产权理论，财产源于劳动，而数据也是一种财产，所以数据权属问题可以根据各市场主体在获取数据的过程中所付出劳动的多少来明确，承认数据原发者享有数据所有权，数据处理者享有数据用益权，构建二元数据权利体系，消除数据利用与数据保护之间的矛盾。

借鉴著作权与邻接权的产权设计理念，数据处理者整合原始数据，对原始数据进行加工处理形成数据产品，既要承认数据原发者对原始数据的所有权，又要承认数据处理者所享有的数据用益权，因为其在数据整合、处理方面投入了大量人力、物力与资源，付出了大量劳动。

具体来说就是享有数据用益权的数据处理者有权占用、使用数字资产，可以在一定范围内对数据资产进行支配，并获取相关收益。同时，数据处理者还应该享有排除妨害权，面对因他人非法窃取数据、篡改数据使自身利益受损的行为，有权寻求赔偿。总而言之，二元数据权利体系的构建有效地保护了附着在数据上的合法权益，有力地推动了数据要素化目标的实现。

明确划分可交易数据的类型和不可交易数据的范围

相较于明确数据归属、确定数据交易模式来说，界定可交易数据和不可交易数据的范围要容易很多。鉴于数据所具备的特殊属性，以及数据产生和流通的复杂性，我国要在区分数据主体与数据类型的基础上对可交易数据的范围以及不可交易数据的范围做出明确界定，具体措施如表18-1所示。

表18-1　可交易数据与不可交易数据的范围

数据类型	具体规定
自然人数据	鉴于自然人数据所具有的独特的人格属性，为了保证个人数据交易安全，我国应当禁止敏感数据进入数据交易市场，对于脱敏之后的数据，应当先评估其安全风险再决定是否允许交易。以金融数据为例，在数据交易之前，相关机构要开展个人金融信息安全影响评估，判断信息接收方的信息安全保障能力，根据评估结果制订数据保护方案

续表

数据类型	具体规定
企业数据	对于在生产经营过程中产生的各类数据，企业享有数据的财产权，可以自主决定是否进行交易；同时享有数据用益权，可以在遵守“知情同意”原则的前提下，将创造出来的数据产品授权给他人使用
公共组织数据	公共组织在依法行政过程中产生的数据由国家所有，这些数据可以采用除交易以外的任何形式进行共享，将数据价值充分释放出来

与数据交易有关的法律法规的制定与完善永远落后于数据交易的发展，按照“以数据安全风险防范为底线”的要求，政府要为数据交易制定“负面清单”，对数据泛化交易现象进行规范，降低数据交易风险，同时为数据交易创新提供一定的支持，促使数据要素价值实现最大化。

明确数据资产自主协商的市场化定价机制

在各种各样的市场机制中，价格机制占据着核心地位。因此在数据交易中，明确数据的定价机制非常重要。例如，中国南方电网公司在数据资产定价方面形成了以成本价格法为基础的多维综合定价方法。但在数据交易市场中，数据定价是一项比较复杂的工作，需要考虑各种因素，因此一般会综合使用多种数据交易定价策略，包括平台预定价、自动计价、拍卖式定价、捆绑式定价、协议定价以及自由定价等，其中自由定价又可以分为卖方自由定价和买方自由定价。

在数据资源格局重构的过程中，数据所有权与使用权呈现出明显的分离局面，数据交易主要表现为数据使用权的流通。在数据交易过程中，数据商品与服务的价格应当由市场主体自行决定。

作为商事交易的一种，数据交易应当遵循契约自由的原则。在交易过程中，买卖双方可以讨价还价，这在一定程度上能缓解信息不对称现象，根据数据使用目的、数量、频次确定数据的使用价格。

从本质上看，这种数据使用价格就是数据交易双方自主议价的结果，主要采用自由定价的方式来确定数据的交易价格。如果数据交易的参与主体比较多，信息渠道比较通畅，就可以由数据供求双方通过对数据规模、数据种类、数据时效性、数据覆盖范围、数据稀缺程度、数据完整性等多种因素进行综合考虑，自行确定数据产品或服务的价格。

如果因为买方的参与主体比较少或者卖方的参与主体比较少而出现双边垄断，数据产品或服务的提供者应当先给出最低的预期售价，再为不同的数据设计不同的交易机制，打破数据定价垄断。

强化场内数据交易的法律保障及激励措施

场外数据交易导致大批数据流入数据“黑市”，诱发了比较严重的数据泄露问题。为了解决这一问题，我国要全面推进新型数据交易所建设，为数据交易打造一个正规场所，规范数据流通路径，提高数据交易质量与效率。具体来看，大数据交易所的职能如表18–2所示。

表 18–2　大数据交易所的职能

序号	具体职能
1	大数据交易所既要对数据交易进行科学组织，又要对数据交易过程进行有效监控，对个人信息进行有效控制，保证各项信息依法流通，保证数据安全
2	大数据交易所要推行实名会员注册制，对数据经营者的资质进行审查，将不符合要求的企业剔除出去，做好事前准入管理；数据交易所要对数据来源进行审查，将非法获得的数据以及脱敏不达标的数据剔除，保证数据质量与安全；数据交易所要构建一套标准的数据交易流程，制定规范的数据交易标准，降低数据交易门槛，促进数据融合
3	在数据交易的过程中，大数据交易所要做好审核数据来源、核验交易主体身份、保管交易材料等工作，否则一旦导致非法获得的数据进入数据交易系统，可能会受到一定的处罚，轻则罚款，没收违法所得；重则可能吊销营业执照、吊销业务许可证，直接责任人也会受到一定的处罚

总而言之，大数据交易所要承担数据交易以及对数据交易过程进行动态监管的双重职能，避免数据泄露等事件发生，遇到重大安全风险事件要及时采取有效措施进行处置。未来，在数据交易领域，场内交易将成为主流的交易方式。

04　完善数据安全保障法律框架

虽然数据交易可以释放出巨大的红利，但也蕴藏着很多风险，导致数据持有者面对数据交易产生了畏惧心理，对数据跨区域、跨行业流动，以及数字经济的发展造成了一定的阻碍。进入大数据时代之后，数据交易安全问题越发突出。为了促进数据交易，各行业企业必须联合起来共同打造数据安全治理体系与数据规范交易体系，采取一定的技术手段与管理手段共同保证数据交易安全。

完善数据安全处理技术选用方案和标准

为了对数据进行脱敏处理，我国尝试采用了很多技术，包括多方计算、数据脱敏、可信执行环境等，但这些技术不是万能的，每种技术都有特定的缺陷。为了规范数据交易，保证数据安全，北京国际大数据交易所开始尝试打造“数据可用不可见，用途可控可计量”的新型交易范式，对数据保密技术、隐私计算技术等进行综合应用，对数据交易过程中的数据量进行严格控制，只交易数据处理结果，不交易原始数据，防止数据在交易过程中出现泄露、滥用等问题。由此可见，为了保证数据安全交易，我国必须制订数据技术综合选用方案，完善数据安全处理标准，具体措施如下：

（1）为了弥补单一数据技术存在的固有缺陷，交易主体应该对数据交易场景、交易目的、原始数据的属性以及技术特征进行综合考虑，对多种数据技术进行综合应用。以金融数据的交易为例，金融数据不仅事关用户个人的财产安全，而且事关国家的经济安全，这类数据交易首先应该考虑的就是安全问题。

因为金融数据普遍具有价值高、敏感度高、数据体量大、数据分散等特点，所以要遵循分级分类保护原则，对多方计算技术与可信执行环境等技术进行组合应用，由前者控制金融数据的密文输出，对数据交易规模、流向以及用途进行跟踪，由后者保证金融数据在内存区域内的完整与安全，共同对数据控制者的数据处理行为进行约束。

（2）我国要对不同行业、不同类型的数据安全处理与流转制定相应的标准，包括国家标准、行业标准以及地区标准，为数据分级分类保护提供依据。在处理数据之前，交易机构要按照敏感度对数据进行划分，对同一批次的数据按照“就高不就低”的原则制定处理标准，也就是按照同一组数据中敏感度最高的数据制定处理标准。

虽然在数据分级分类处理方面我国发布了一些标准，如《信息技术—大数据—数据分类指南》《工业数据分级分类指南（试行）》《政府数据 数据分类分级指南》《金融数据安全 数据安全分级指南》等，但这些标准覆盖的数据种类比较少，没有涉及医疗、能源等众多领域的数据。因此，我国政府部门要发挥主导作用，吸引行业企业积极参与，共同制定一套覆盖范围广且具有普遍适用性的数据分类处理标准。

构建基于数据交易的综合监管体系

由于监管机构的职能不明确、监管体系僵化、监管技术比较落后，数据交易监管效能比较低。为了打造一个可以实现高效运行的监管体系，相关机构要做好以下三项工作。

（1）坚持统筹协调，强化监管机构的职责与分工。

想要做好数据交易监管，各个监管机构必须明确自身职责，开展分工协作，保证监管的连续性与专业性。根据《中华人民共和国个人信息保护法》的要求，在数据交易监管领域，国家网信部门要发挥主导作用，做好统筹协调工作，鼓励各部门高质量地履行各自的职责，做好数据保护与监管工作。

为此，数据交易监管机构可以将行业数据作为分类监管的标准，具体来说就是将行业数据分为特定行业的数据和普通行业的数据，对特定行业的数据执行行业特殊监管，将普通行业的数据交由网信部门采用多元治理的方式进行统一监管。

（2）自律监管与行政监管相互配合形成监管合力。

大数据交易所是数据交易的主要场所，也是数据价值兑现的主要场所，应当主动做好自我管理，及时发现不合规的数据交易行为并发出风险提示，对交易主体进行警告或者终止交易，并限制交易主体的准入资格，保证数据交易的合法性与规范性。

为了督促大数据交易所主动履行职责，交易联盟或行业自律组织等社会组织要定期对数据交易进行检查，并进行非现场检测；如果发现数据交易潜藏着安全风险，要及时发出提示，对交易主体进行处罚，并将处理情况及时向监管部门通报，通过自律监管与行政监管共同做好数据交易监管。

（3）探索“监管沙箱”等试验性监管方式。

在场内数据交易中，数据交易平台系统可以与交易场所监管系统、交易场所登记结算系统对接，利用区块链技术辅助监管者即时、自动地获取真实的交易流程信息，综合利用各种先进技术控制数据交易风险，提高对违规交易行为的调查效率，采取更有力的监管措施，对数据交易过程以及资金结算过程进行数字化监管，提高监管质量与效率。此外，为了解决数据融合与信息安全保护存在的共时性冲突，构建一个包容性更强的综合监管框架，我国各个地区正在大力推进数据确权流通“监管沙箱”与数据安全沙箱建设，对“监管沙箱”这种新型的监管方式进行积极探索。

参考文献

[1] John M. Yun，周丽霞. 大数据时代到来后的反垄断法[J]. 竞争政策研究，2019（4）.

[2] 安小米，白献阳，洪学海. 政府大数据治理体系构成要素研究——基于贵州省的案例分析[J]. 电子政务，2019（2）.

[3] 本刊编辑部. 解构医院物联网[J]. 中国医院建筑与装备，2020（1）.

[4] 卞海洋. 基于云计算的电子政务大数据应用研究[J]. 现代工业经济和信息化，2017（4）.

[5] 曾雄. 数字经济中反垄断执法的新问题与思考[J]. 互联网天地，2018（10）.

[6] 柴瑞娟. 监管沙箱的域外经验及其启示[J]. 法学，2017（8）.

[7] 常德雄. 数字交通：交通运输业科学发展的必然选择[J]. 卫星与网络，2008（4）.

[8] 车玮. 3D打印领域中人工智能的应用研究[J]. 无线互联科技，2021（5）.

[9] 陈金金. 数字经济时代下个人数据保护探究[J]. 山西省政法管理干部学院学报，2020（4）.

[10] 陈静. 区块链技术的发展趋势及其对金融业的影响[J]. 科技经济市

场，2021（9）.

［11］陈收，蒲石，方颖，等. 数字经济的新规律[J]. 管理科学学报，2021（8）.

［12］陈姿含. 加密数字货币行政监管的制度逻辑[J]. 北京理工大学学报（社会科学版），2020（5）.

［13］戴建华. 智慧政府视野下的治理能力现代化[J]. 理论与改革，2020（4）.

［14］狄刚. 区块链技术为数字经济贸易金融发展提供新动能[J]. 中国金融电脑，2022（1）.

［15］傅晓骏，王瑞. 加密资产概念、现状及各国（地区）监管实践[J]. 金融会计，2018（5）.

［16］郭东杰，周立宏，陈林. 数字经济对产业升级与就业调整的影响[J]. 中国人口科学，2022（3）.

［17］果刚. 深刻理解数字经济演变路径，促进数字经济向更高水平发展[J]. 数字经济，2021（11）.

［18］洪延青. 国家安全视野中的数据分类分级保护[J]. 中国法律评论，2021（5）.

［19］胡佳佳. 我国数字经济与实体经济有效融合的思考[J]. 商业文化，2021（36）.

［20］花丽. 浅析5G移动通信的关键技术和发展趋势[J]. 信息记录材料，2019（12）.

［21］黄劲安，蒋绍杰，林东云. 5G+工业互联网发展探讨[J]. 广东通信技术，2021（5）.

［22］吉峰，贾学迪，林婷婷. 制造企业数字化能力的概念及其结构维

度——基于扎根理论的探索性研究[J]. 中国矿业大学学报（社会科学版），2021（6）.
[23] 蒋国银，陈玉凤，匡亚林. 共享经济平台数据治理：框架构建、核心要素及优化策略[J]. 情报杂志，2021（8）.
[24] 靳树梅. 企业数字化档案管理工作的实践与思考[J]. 无线互联科技，2013（8）.
[25] 柯达. 论补充性货币的法律规制：兼论数字货币的补充性监管[J]. 中南大学学报（社会科学版），2019（5）.
[26] 赖明忠. 试论企业数字化管理[J]. 湖南社会科学，2009（1）.
[27] 蓝兴望. 浅谈大数据对政府信息公开的影响及应变之策[J]. 中国管理信息化，2020（24）.
[28] 李华伟. 5G技术在移动通信网络中的应用[J]. 计算机产品与流通，2018（5）.
[29] 李晶. "监管沙盒"视角下数字货币规制研究[J]. 电子政务，2020（11）.
[30] 李敏. 融资领域区块链数字资产属性争议及监管：美国经验与启示[J]. 现代法学，2020（2）.
[31] 李敏. 数字货币的属性界定：法律和会计交叉研究的视角[J]. 法学评论，2021（2）.
[32] 李宜璞. 数字经济时代需要什么样的人才[J]. 中国大学生就业，2021（23）.
[33] 李勇坚. 我国数字经济发展现状、趋势及政策建议[J]. 科技与金融，2021（11）.
[34] 李支. 数字经济环境下的个人数据权保护问题研究[J]. 肇庆学院学

报，2021（3）.
[35] 梁蔚. 5G+工业互联网融合背景下传输网络发展探讨[J]. 广西通信技术，2020（4）.
[36] 廖凡. 金融科技背景下监管沙盒的理论与实践评析[J]. 厦门大学学报（哲学社会科学版），2019（2）.
[37] 林海. 5G+工业互联网应用与发展探讨[J]. 广西通信技术，2021（2）.
[38] 林宇霞. 区块链技术与数字货币在国际结算领域的应用[J]. 中国石油企业，2021（11）.
[39] 刘浩男. 5G移动通信的关键技术及发展[J]. 电子技术与软件工程，2017（9）.
[40] 刘姣姣，毛子骏，徐晓林. 基于根因分析法的大数据企业个人信息泄露案例研究[J]. 中国科技论坛，2020（11）.
[41] 刘露，杨晓雷. 新基建背景下的数据治理体系研究——以数据生命周期为总线的治理[J]. 治理研究，2020（4）.
[42] 刘瑞. 日本央行数字货币的制度设计及政策考量[J]. 日本学刊，2021（4）.
[43] 刘圣林，龙永树. 5G专网助力工业互联网发展[J]. 中国仪器仪表，2021（8）.
[44] 刘新海，安光勇. 数字经济下个人信息保护的挑战和应对：基于本人数据管理的新思路[J]. 清华金融评论，2021（3）.
[45] 刘新海. 数字经济下个人信息保护的挑战和应对：以App违法违规搜集个人信息治理为例[J]. 中国信用，2020（10）.
[46] 刘忠祥. 基于大数据的政府公共信息资源整合应用研究[D]. 南京：

南京邮电大学，2016.
[47] 柳雁军. 个人信息保护立法与数字经济发展[J]. 探索与争鸣，2020（11）.
[48] 罗国辉. 物联网技术在医院中的应用现状[J]. 中国医院建筑与装备，2020（1）.
[49] 马岗. 企业数字化，如何迈出第一步[J]. 销售与市场（管理版），2022（1）.
[50] 孟于群. 法定数字货币跨境支付的法律问题与规则构建[J]. 政法论丛，2021（4）.
[51] 农晓东，董润棋，唐剑锋. 浅谈5G关键技术对工业互联网的影响[J]. 广西通信技术，2020（4）.
[52] 欧阳日辉. 万众一心，不断做强做优做大我国数字经济[J]. 科技与金融，2021（11）.
[53] 彭诚信. "《民法典》出台背景下个人信息的保护和利用"专题研究[J]. 河南社会科学，2020（11）.
[54] 彭凌志. 5G网下的智慧城市移动通信系统建设[J]. 信息通信，2020（6）.
[55] 乔国良，欧阳秋，徐慧. 数字经济发展中个人信息保护路径研究[J]. 北方金融，2021（6）.
[56] 任冬，张磊，韩镇阳. 人工智能在计算机网络技术中的应用研究[J]. 中国新通信，2021（6）.
[57] 申卫星. 大数据时代个人信息保护的中国路径[J]. 探索与争鸣，2020（11）.
[58] 沈红雨. 大数据流动背景下个人信息保护法律制度的挑战与对策：

基于比较法的视角[J]. 中国应用法学，2021（2）.
[59] 宋雨伦. 企业数字化产业升级方法论[J]. 经理人，2021（8）.
[60] 苏宇. 区块链治理的政府责任[J]. 法商研究，2020（4）.
[61] 苏宇. 区块链治理之现状与思考：探索多维价值的复杂平衡[J]. 中国法律评论，2018（6）.
[62] 苏宇. 算法规制的谱系[J]. 中国法学，2020（3）.
[63] 孙国峰，陈实. 美国虚拟货币监管借鉴[J]. 中国金融，2017（19）.
[64] 孙中东. 企业级数据治理框架下的数据质量管理[J]. 金融电子化，2011（6）.
[65] 唐要家. 中国个人隐私数据保护的模式选择与监管体制[J]. 理论学刊，2021（1）.
[66] 万思敏. 5G技术的应用分析[J]. 数字通信世界，2018（8）.
[67] 王洪斌. 大数据背景下人工智能在智慧交通中的应用研究[J]. 电脑知识与技术，2021（12）.
[68] 王继宇. 5G移动通信技术在高铁通信网络中的应用[J]. 中国新通信，2020（6）.
[69] 王书漫. 人工智能在计算机网络技术中的应用研究[J]. 电脑知识与技术，2020（5）.
[70] 王书伟. 大数据时代政府部门间信息资源共享策略研究[D]. 长春：吉林大学，2013.
[71] 王晓晔. 数字经济反垄断监管的几点思考[J]. 社会科学文摘，2021（8）.
[72] 韦苇，任锦鸾，杨青峰. 短视频平台数据治理框架和机制研究[J]. 电子政务，2022（4）.

[73] 卫鑫，陈星宇. 智慧政府的功能定位及建设路径探究[J]. 中国行政管理，2020（7）.

[74] 吴传强，梁楠，徐可. 基于大数据技术的智慧交通场景应用[J]. 中国自动识别技术，2021（6）.

[75] 吴冬升，王传奇，金伟，等. 高速公路5G智能网联技术、方案和应用[J]. 电信科学，2020（4）.

[76] 吴秋萍. 云计算在电子政务系统中的应用研究[J]. 计算机与现代化，2011（7）.

[77] 吴兴铨. 5G+工业互联网的思考和发展[J]. 广西通信技术，2020（3）.

[78] 肖斌，欧炳强，程俊，等. 5G+工业互联网数字新基建的应用浅析[J]. 广西通信技术，2021（3）.

[79] 许倩. 企业数字化培训存在的问题及对策研究[J]. 电脑知识与技术，2020（6）.

[80] 严翠玲，申益嘉. 大数据助推乡村振兴的实践探索：评《大数据与农业应用》[J]. 中国农业气象，2022（1）.

[81] 杨春艳. 探讨物联网在智慧医院建设中的应用[J]. 信息系统工程，2018（9）.

[82] 杨登峰. 行政法定原则及其法定范围[J]. 中国法学，2014（3）.

[83] 杨东，陈哲立. 虚拟货币立法：日本经验与对中国的启示[J]. 证券市场导报，2018（2）.

[84] 杨东. 监管科技：金融科技的监管挑战与维度建构[J]. 中国社会科学，2018（5）.

[85] 杨富云. 我国中小企业数字化战略转型发展方向研究[J]. 全国流通

经济，2021（36）.
[86] 杨建辉. 数字经济挑战反垄断规则[J]. 互联网经济，2017（7）.
[87] 杨晓倩. 物联网技术在医院信息化建设中的应用研究[J]. 计算机产品与流通，2020（4）.
[88] 杨一枝. 区块链技术驱动产业数字化发展[J]. 经济师，2022（1）.
[89] 叶静波. 物联网技术在医院智能化中的应用研究[J]. 智能建筑，2021（4）.
[90] 叶勤，杨欣谕. 对金融参与地方数字经济建设的探讨：以浙江省衢州市为例[J]. 现代金融，2021（10）.
[91] 易辉. 5G技术应用浅谈[J]. 信息通信，2017（5）.
[92] 应江勇. 工业互联网+5G发展策略研究[J]. 邮电设计技术，2021（5）.
[93] 于海澜. 企业架构的数字化转型[M]. 北京：清华大学出版社，2019.
[94] 于施洋，杨道玲，王璟璇，等. 基于大数据的智慧政府门户：从理念到实践[J]. 电子政务，2013（5）.
[95] 袁勇，倪晓春，曾帅，等. 区块链共识算法的发展现状与展望[J]. 自动化学报，2018（11）.
[96] 岳亮，文佳，荆雷. 浅析"5G+工业互联网"应用现状[J]. 邮电设计技术，2020（7）.
[97] 翟云. 中国大数据治理模式创新及其发展路径研究[J]. 电子政务，2018（8）.
[98] 张超. 证券型通证发行的法律性质与监管范式转变：以美国数字资产投资合同分析框架为视角[J]. 财经法学，2020（1）.
[99] 张春燕. 美国加密数字货币的税收问题研究：从制度设计到纳税

征管[J]. 税务与经济，2021（6）.
[100] 张繁，蔡家楣. 电子政务系统中的数据交换和共享服务平台设计[J]. 计算机工程与应用，2003（7）.
[101] 张国云. 金融何时站上数字经济下一个风口[J]. 杭州金融研修学院学报，2021（12）.
[102] 张会平，顾勤. 政府数据流动：方式、实践困境与协同治理[J]. 治理研究，2022（3）.
[103] 张俭. 基于人工智能的高校智慧校园建设研究[J]. 信息与电脑（理论版），2021（5）.
[104] 张乐. 数字经济反垄断：规范与发展并重[J]. 中国经济评论，2022（4）.
[105] 张莉，卞靖. 数字经济背景下的数据治理策略探析[J]. 宏观经济管理，2022（2）.
[106] 张亮，刘百祥，张如意，等. 区块链技术综述[J]. 计算机工程，2019（5）.
[107] 张能鲲，沈佳坤. 企业数字化营销中的合规路径探索[J]. 国际商务财会，2022（3）.
[108] 张涛. 推动数字经济高质量发展[J]. 北京观察，2021（12）.
[109] 赵磊. 区块链类型化的法理解读与规制思路[J]. 法商研究，2020（4）.
[110] 赵明，侯忠生. 城市交通管理系统建设若干问题探讨[J]. 综合运输，2008（11）.
[111] 赵帅男，袁朋，钊刘杰，等. 基于5G技术的工业互联网应用探讨[J]. 通信电源技术，2021（3）.

［112］赵震，任永昌. 大数据时代基于云计算的电子政务平台研究[J]. 计算机技术与发展，2015（10）.

［113］赵志超. 电子政务大数据系统应用云计算架构[J]. 计算机与网络，2014（14）.

［114］钟红，彭雅哲. 美国央行数字货币发展态势[J]. 中国金融，2021（9）.

［115］朱彬彬，王永生. 实体零售企业数字化会员体系构建与管理探析[J]. 现代商贸工业，2021（5）.

［116］朱明星，薛晋玮，罗旺. 容器技术在电子政务系统中的应用研究[J]. 智库时代，2019（33）.

［117］朱硕彦，陈民恳，孙学华. 基于大数据的宁波公共服务水平分析[J]. 宁波经济（三江论坛），2021（11）.

［118］左美云，王配配. 数据共享视角下跨部门政府数据治理框架构建[J]. 图书情报工作，2020（2）.